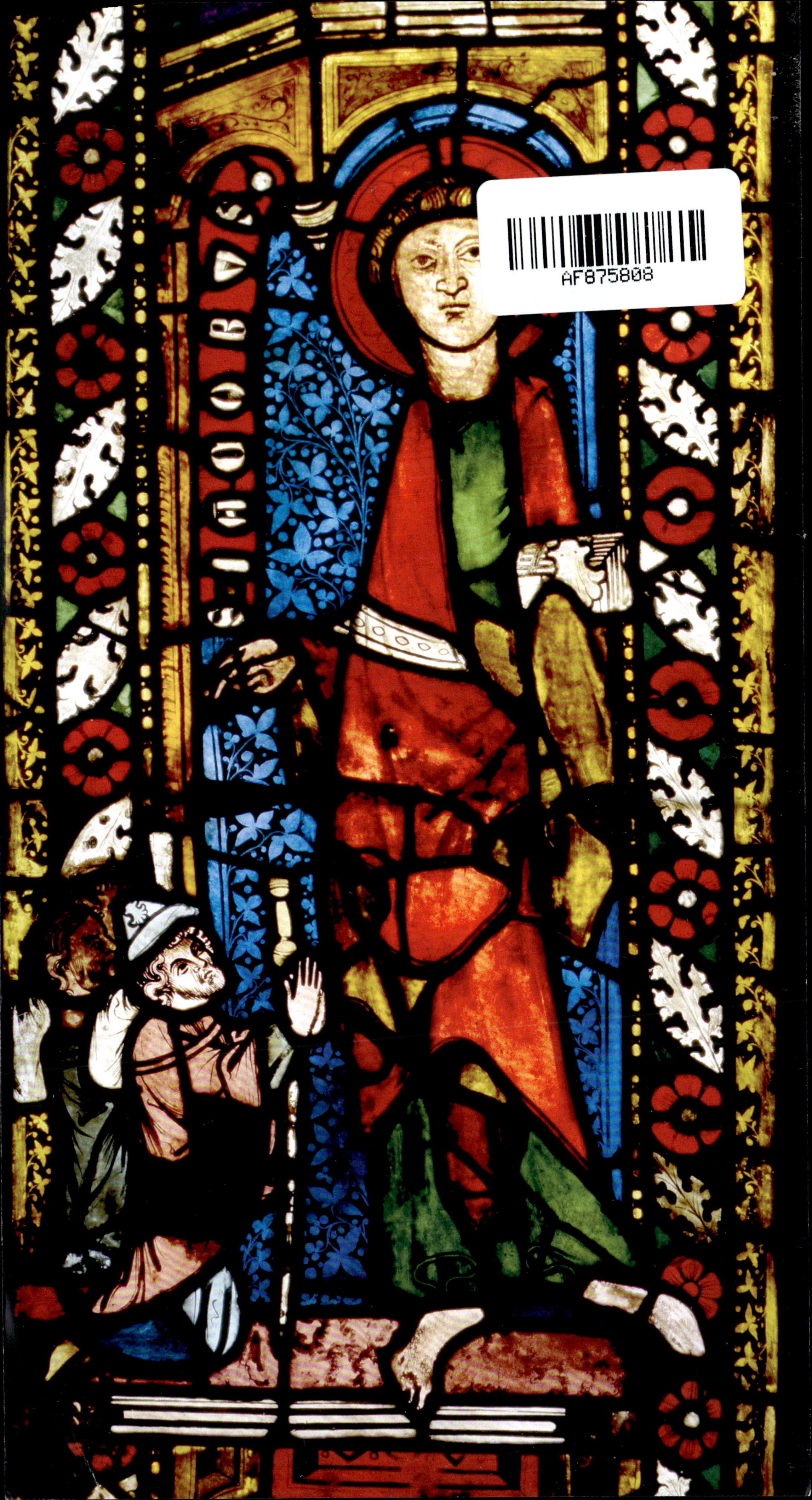

Meisterwerke der Glasmalerei
Band 9

Im Auftrag der Akademie der Wissenschaften und der Literatur · Mainz
und des Deutschen Vereins für Kunstwissenschaft · Berlin
herausgegeben von
Uwe Gast und Daniel Parello · Corpus Vitrearum Medii Aevi · Freiburg i. Br.

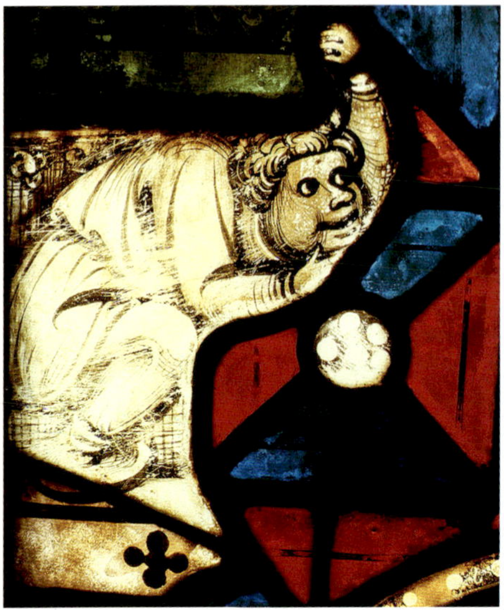

Bibliografische Information der Deutschen Nationalbibliothek
Die Deutsche Nationalbibliothek verzeichnet diese Publikation in der Deutschen Nationalbibliografie; detaillierte bibliografische Daten sind im Internet über https://dnb.de abrufbar.

ISBN 978-3-7954-9010-2

1. Auflage 2025

Redaktion und Reihen-Layout:
Corpus Vitrearum Deutschland, Forschungszentrum für mittelalterliche Glasmalerei,
Lugostr. 13, 79100 Freiburg im Breisgau
Arbeitsstelle der Akademie der Wissenschaften und der Literatur, Mainz
Internet: www.cvma-freiburg.de, www.corpusvitrearum.de

Bildbearbeitung und Satz: Corpus Vitrearum Deutschland, Freiburg im Breisgau
Druck: Gutenberg Beuys Feindruckerei GmbH, Langenhagen

Gesetzt in Garamond 10'/8'
Gedruckt auf artosatin 150g/m²

Weitere Informationen zum Verlagsprogramm erhalten Sie unter:
www.schnell-und-steiner.de
Printed in Germany

Gefördert durch den Verein Alt-Rothenburg e.V.

Hartmut Scholz

St. Jakob in Rothenburg ob der Tauber

mit Aufnahmen von Rafael Toussaint,
Andrea Gössel und
Martin Hamacher

SCHNELL + STEINER

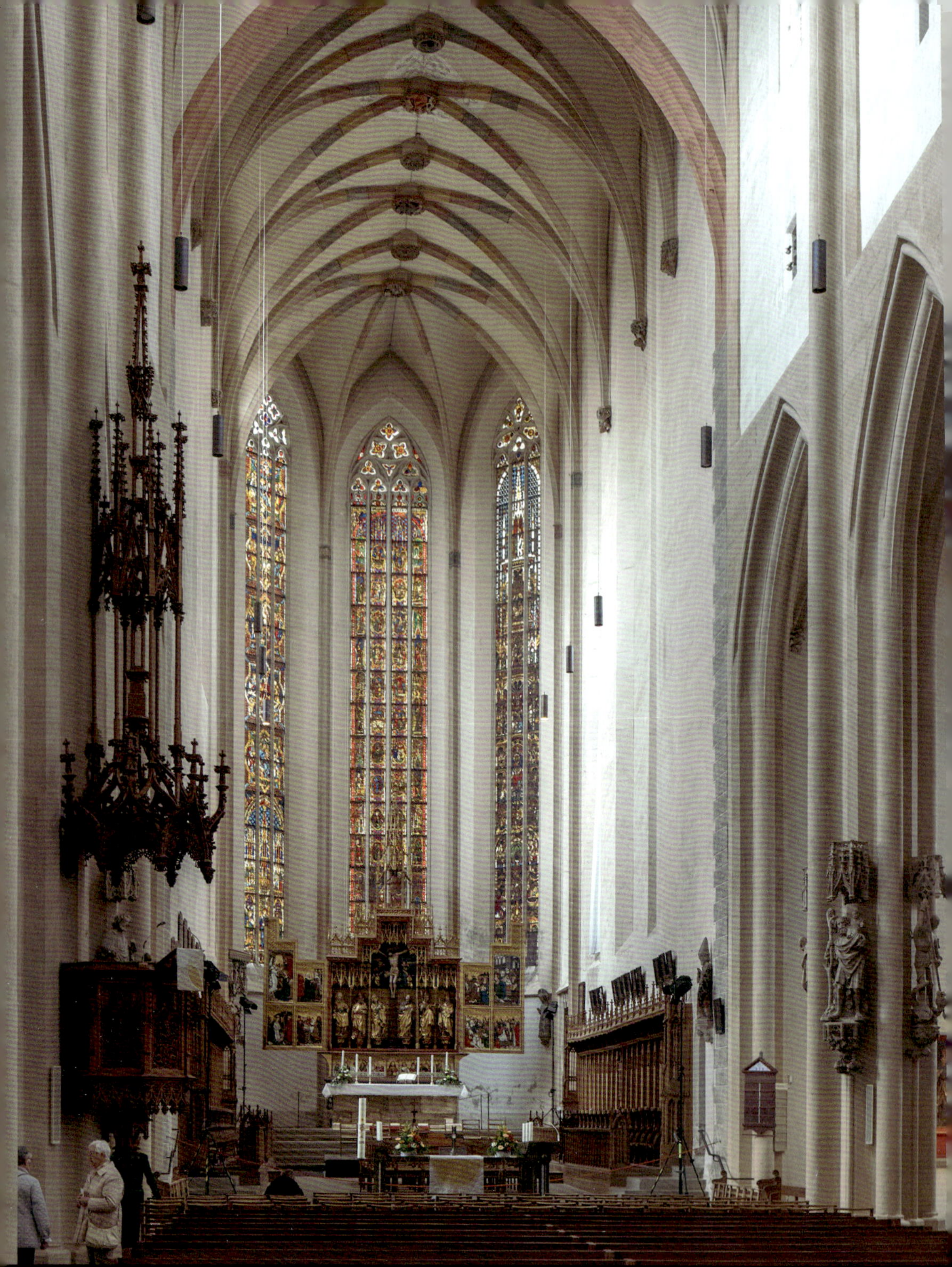

Die Jakobskirche in Rothenburg ob der Tauber bewahrt mit insgesamt 182 mittelalterlichen Scheiben – 141 Rechteckfeldern, 14 Kopfscheiben und 27 Maßwerkteilen – den umfangreichsten Glasmalereibestand, der in Mittelfranken außerhalb Nürnbergs erhalten geblieben ist. Von den elf Fensteröffnungen des Chores sind heute nur noch die drei hohen im Chorschluss farbig verglast, doch finden sich dort Bestände aus zwei verschiedenen Ausstattungsphasen – Mitte und Ende des 14. Jahrhunderts – und wenigstens sechs verschiedenen Farbfenstern zusammengestellt.

Von der ursprünglichen Verglasung des Kirchenschiffs und der nach Mitte des 15. Jahrhunderts als Gegenchor neu errichteten und 1484 geweihten Westempore, die vermutlich nur noch partiell mit farbigen Glasmalereien ausgeschmückt worden war, hat sich dagegen nichts erhalten. An deren Stelle wurden 1910–1914 Neuschöpfungen der Bayerischen Hofglasmalerei Franz Xaver Zettler aus München eingesetzt.

St. Jakob – Kirche des Deutschen Ordens und der Stadt

Der Vorgängerbau der heutigen Jakobskirche war im 12. Jahrhundert als Filiale der Pfarrei Detwang gegründet worden und unterstand zunächst dem Würzburger Stift Neumünster. 1258 übertrug der Würzburger Bischof Iring von Reinstein die Pfarrei Detwang mitsamt ihrer Filialkirche in Rothenburg dem Deutschen Orden, der bereits seit der ersten Hälfte des 13. Jahrhunderts Besitzungen in der Nähe der Stadt erworben hatte. Im Zuge der Errichtung eines neuen Ordenshauses, das erstmals 1290 als selbständige Komturei erscheint, wurde die Jakobskirche zwischen 1274 und 1286 – dem Zeitpunkt der Reichsfreiheit Rothenburgs – von Detwang separiert und zur Pfarrkirche erhoben. Den Gottesdienst versahen weiterhin die Deutschherren.
Ablässe von 1286, 1311 und 1356, zuerst *pro reparatione*, später *pro structura et ornamentis* der Kirche ausgestellt, sind nach anfänglichen Reparaturarbeiten am bestehenden Vorgängerbau auf den anlaufenden Neubau und die Ausstattung des Chores zu beziehen, der nach neueren dendrochronologischen Untersuchungen des Dachstuhls nicht lange nach 1346 – dem Fälldatum der Balken – fertiggestellt gewesen sein dürfte[1]. Baulast und Verwaltung des Kirchenbauvermögens waren seit 1336 vertraglich zwischen Stadt und Deutschem Orden gleichmäßig aufgeteilt[2].
Eine Inschrift am östlichen Strebepfeiler der Langhaus-Südseite nennt das Datum 1373 als Baubeginn des neuen Langhauses – ein Datum, das lange Zeit irrtümlich für den ganzen Neubau in Anspruch genommen worden war[3]. Die Bauleitung dürfte anfangs in den Händen des 1377 erwähnten Nürnberger Werkmeisters Conrad Eschenbach, spätestens seit 1389 bei dem gleichfalls aus Nürnberg stammenden Meister Hans (oder Heinz) Staudigel gelegen haben[4]. Bereits 1388 scheinen zumindest die drei östlichen Langhausjoche vollendet gewesen zu sein, denn in dieses Jahr fallen nicht nur mehrere Altar- und Messstiftungen, sondern auch die Erlaubnis des Würzburger Bischofs Gerhard von Schwarzburg, die alte Kirche, d.h. den romanischen Restbau samt der 1276 geweihten Heilig-Blut-Kapelle, abzutragen, „um sie größer wieder aufzubauen“[5]. Es dauerte über ein halbes Jahrhundert, bis das Langhaus 1436 weitgehend fertiggestellt war und nochmals so lange, bis der ganze Bau mit der gleichsam als Gegenchor errichteten neuen Heilig-Blut-Kapelle auf der Westempore (Baubeginn 1453), dem Friedhof und dem Beinhaus 1484 geweiht werden konnte.
Als leitende Baumeister in Rothenburg sind nacheinander Konrad Heinzelmann (1438/39), Nikolaus Eseler d.Ä. (1454, 1463, 1466–1471), sein gleichnamiger Sohn (1468/69–1491) und Hanns Müllner (1471–1496) überliefert[6]. Die Ausstattung zog sich noch bis ins 16. Jahrhundert hin; erwähnt sei nur Riemenschneiders Heilig-Blut-Altar von 1501–1505[7].

Die Geschichte der mittelalterlichen Farbfenster im Überblick

Mangels schriftlicher Quellen zu Stiftung und Ausführung der Rothenburger Farbfenster geben Stifter und Wappen in der Sockelzone des Achsenfensters die einzigen Anhaltspunkte über die frühe, Mitte des 14. Jahrhunderts erfolgte Ausstattung des neu errichteten Chorbaues: Götz Lesch von Endsee († vor 1354) – Dienstmann der Herren von Hohenlohe und der Bischöfe von Würzburg, außerdem kaiserlicher Landrichter zu Rothenburg – hatte in den letzten Jahren seines Lebens zahlreiche fromme

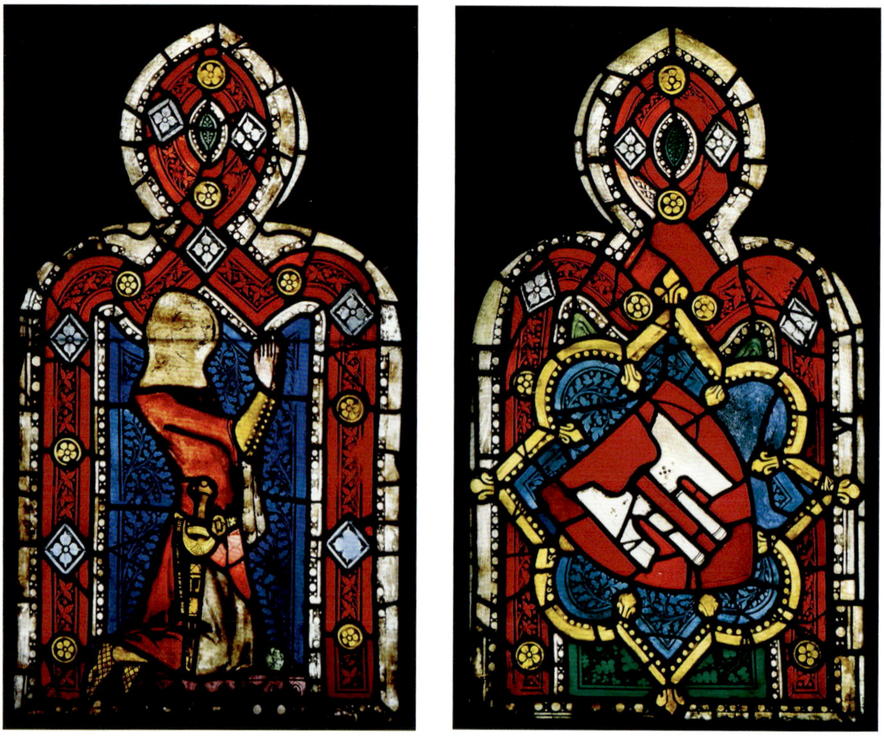

1 *Der Stifter des Chorscheitelfensters, Götz Lesch von Endsee, ließ sich in der untersten Fensterzeile nebst seinem Wappen prominent im Habitus des Ritters, gleichwohl in demutsvoller Anbetung vor dem Titelheiligen von St. Jakob und der Mitpatronin des Deutschen Ordens, der Hl. Elisabeth, darstellen.*

Stiftungen zugunsten des Rothenburger Spitals getätigt, wo er überdies auch seinen Lebensabend verbrachte[8]. Dass gerade ihm der prominenteste Fensterplatz im neuen Chor der Pfarr- und Deutschordenskirche St. Jakob zugestanden wurde, ist – neben der geschilderten besonderen Verbundenheit mit Rothenburg – gewiss den engen und anhaltenden Beziehungen des hohenloheschen Ministerialengeschlechts der Leschen zum Deutschen Orden zu verdanken: Hermann Lesch, ein Vorfahr des Stifters, hatte zwischen 1290 und 1300 mehrfach das Amt des Landkomturs inne, ein zweiter Verwandter gleichen Namens ist 1319 und 1323 als Deutschritter im Würzburger Haus bezeugt; einer von beiden dürfte der Vater von Götz Lesch gewesen sein[9].

Mit Vertrag von 1398 ging die Verwaltung des Kirchenbauvermögens von St. Jakob zur Gänze vom Deutschen Orden in die Hände der Stadt über, und spätestens seit dieser Zeit – aus der auch die heutigen Chorflankenfenster stammen – müssen die städtischen Kräfte den Löwenanteil an Bau und Ausstattung ihrer Pfarrkirche bestritten haben[10]. Unter den potentiellen Stiftern darf vor allem der berühmteste Sohn der Stadt und langjährige erste Bürgermeister Heinrich Toppler († 1408) vermutet werden – ein Mann von unermesslichem Reichtum und weitläufigen diplomatischen Beziehungen. In den sich zuspitzenden politischen Auseinandersetzungen mit dem neugewählten König Ruprecht von der Pfalz und dem Burggrafen von Nürnberg wurde er allerdings vom eigenen Rat gefangen gesetzt und kam auf bis heute ungeklärte Weise im Kerker seiner Heimatstadt ums Leben[11]. Sein Engagement für St. Jakob hat sich in mehreren Mess- und Seelgerätstiftungen niedergeschlagen. Vielleicht ist es mehr als nur Zufall, dass die Themenwahl der Freuden Mariä für eines der neu zu schaffenden Chorfenster etwa zur gleichen Zeit getroffen wurde, als Heinrich Toppler neben der berühmten „Topplermesse" auf den Altar der Zwölf Apostel und der Hll. Veit und Leonhard gemeinsam mit seinem

Bruder Johann und ihren beiden Frauen am 11. Januar 1388 einen Gesangsgottesdienst vor dem Marienaltar stiftete, der an den Vorabenden aller Marienfeste von Kaplan, Schulmeister und wenigstens zehn Chorschülern zu feiern war[12]. Die Bedeutung dieser Messstiftung wurde noch eigens durch einen hunderttägigen päpstlichen Ablass des Jahres 1391 hervorgehoben, der den Besuch des „Salve Regina" namentlich zu den Festen *Nativitatis, Circumcisionis, Epiphaniae, Resurrectionis, Ascensionis et corporis domini n(ost)ri Jh(es)u xpi ac Penthecostes, necnon in Nativitatis, Annunciatis, Purificationis et Assumptionis beatae Mariae virginis* – also zu nahezu allen freudenreichen Ereignissen des Marienlebens – begnadigte[13].

Der ältere, für den Besuch an bestimmten Festtagen sowie Spenden zu Bau und Ausstattung – *ad structuram ad luminaria vel ad quaevis ornamenta* – der Jakobskirche von Bischof Bertold von Sigena (dem Bistumsverweser in Würzburg) gewährte Ablass vom November 1356 galt sogar ausdrücklich der Verehrung der Sieben Freuden Mariä in Bild und Wort: *vel qui coram ymagine beatae Mariae virginis septem ave Maria ob reverentiam septem gaudiorum beatae Mariae virginis dixerint* – d.h. all denen, die vor dem Bild der heiligen Jungfrau Maria in Ehren der sieben Freuden Mariens sieben Ave Maria beteten[14]. Viel spricht dafür, in dieser 1388, 1391 und 1411/12 wiederkehrenden Formel die auslösende Motivation für das Bildprogramm des um 1390/1400 neu gestifteten Chorfensters zu vermuten[15]. >>

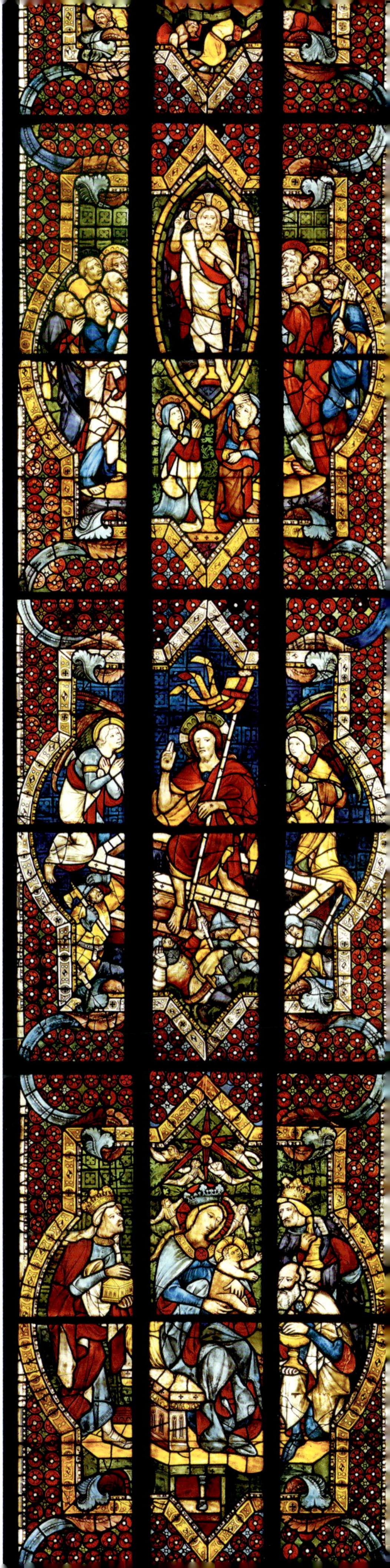

3 *Die heute im nordöstlichen Chorfenster nord II zusammengestellten Glasmalereien stammen aus zwei verschiedenen Fenstern.*
Ein Ensemble bilden die fünf Medaillons der Zeilen 6–15 mit den Darstellungen des freudenreichen Rosenkranzes: Von unten nach oben erkennt man die Anbetung der Könige, die Auferstehung und Himmelfahrt Christi, die Ausgießung des Heiligen Geistes am Pfingsttag sowie Tod der Gottesmutter und Erhebung ihrer Seele in den Himmel (Abb. der beiden letzten Szenen auf S. 34f.). Offensichtlich verloren sind zwei zusätzliche Medaillons, die einst die Zeilen 2–5 besetzten und zwei weiteren freudenreichen Ereignissen im Leben Marias gewidmet waren (hierzu S. 37).

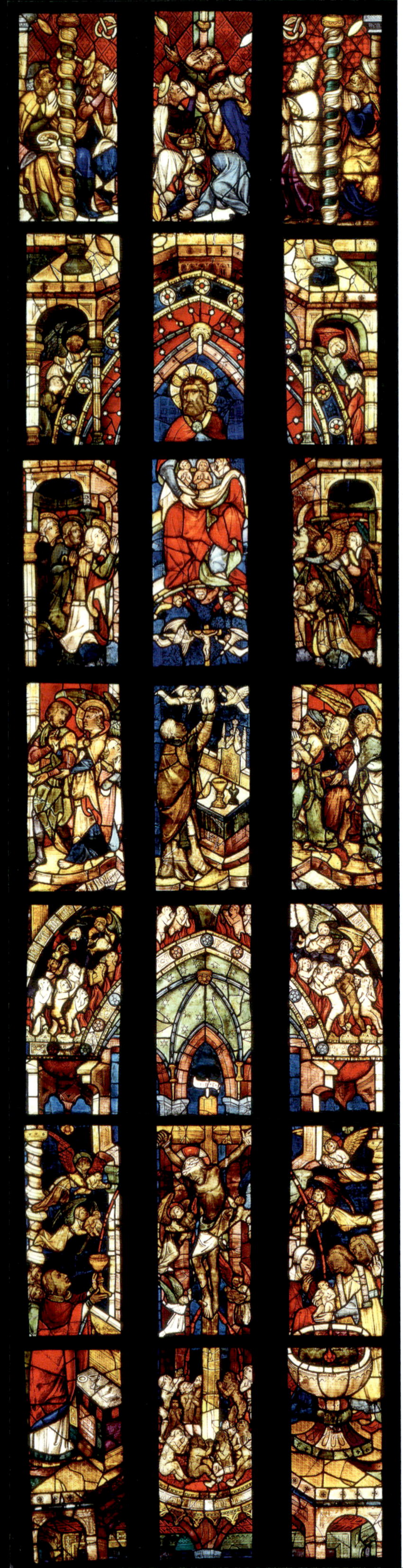

Durch den im Jahr 1388 vom Würzburger Bischof bewilligten Abbruch der alten Fronleichnams- oder Heilig-Blut-Kapelle[16] wird zugleich der Wunsch geweckt worden sein, Ersatz für jenes Bildprogramm (in Wand- und Glasmalerei?) zu schaffen, das der Heiligblut- und Corpus-Christi-Verehrung in der Kapelle gewidmet war und notgedrungen mit dem Abbruch aufgegeben werden musste[17]. In der Hoch-Zeit der Eucharistieverehrung und -wallfahrt in Rothenburg wollte und konnte man auf einen bildkünstlerischen Ausdruck der heilsspendenden Wirkung des Messopfers nicht verzichten. Außerdem nimmt das um 1390/1400 neugeschaffene Eucharistiefenster zu wörtlich Bezug auf das Patrozinium der abgetragenen Kapelle, um ohne diesen unmittelbaren historischen Anlass hinreichend erklärt zu werden[18]. Mehr als ein halbes Jahrhundert bis zum Neubau der Heilig-Blut-Empore im Westbau 1453–1471 dürfte das Fenster – neben der eigentlichen Wunderblut-Reliquie – Hauptanziehungspunkt der Wallfahrt zum Hl. Blut in Rothenburg gewesen sein. Wo das kupferne Reliquienkreuz des 13. Jahrhunderts mit den Blutstropfen *(tres guttae sanguinis perfusae super corporale)* bis zum Neubau aufbewahrt wurde, ist nicht bekannt[19]. Gut denkbar, dass dafür auch die zeitgleich mit dem Fenster um 1390/1400 ausgeführte Sakramentsnische auf der Nordseite des Chorpolygons (nord III) vorgesehen war. Deren ausgesprochen eucharistisch-sakrifikales Darstellungsprogramm fügt sich jeden-

4 *Das heute südlich der Chorachse befindliche Eucharistiefenster nimmt direkten Bezug auf die in St. Jakob verehrte Heilig-Blut-Reliquie. Zuunterst erscheint Christus am Kreuz als Sinnbild für die heilbringende Wirkung des für die Sünden der Welt geopferten Blutes. Ergänzt wird die zentrale Aussage durch Darstellungen der Heiligen Messe und der Taufe, der armen Seelen im Fegefeuer und in Abrahams Schoß sowie des Mannaregens, der den Israeliten in der Wüste zuteil wurde und in der mittelalterlichen Theologie als alttestamentliches Vorbild für die Einsetzung der Eucharistie beim Letzten Abendmahl galt (zu den Bildinhalten ausführlich unten S. 39–49).*

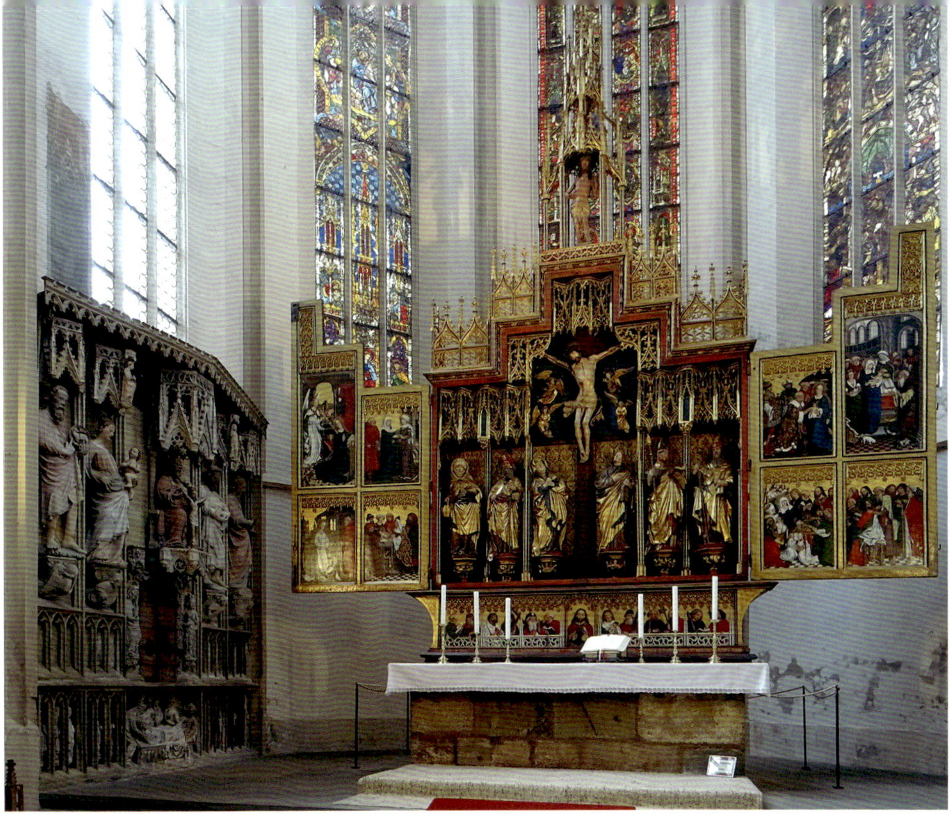

Das 1466 errichtete Hochaltarretabel von St. Jakob wird von den mittelalterlichen Glasmalereien der drei Chorschlussfenster wie eine farbige Folie hinterfangen. Die seitlichen Langchorfenster, die zuvor überwiegend mit Ornamentscheiben geschmückt waren, wurden bereits im letzten Drittel des 15. Jahrhunderts nach und nach durch Blankverglasungen mit Butzen erneuert, um das kostbare neue Retabel ins rechte Licht zu rücken. Wann die kompakte Anordnung der figürlichen Glasmalereien erfolgte, ist ungewiss.

falls problemlos in diesen Kontext ein und kann durchaus als Anhaltspunkt für eine ursprüngliche Lokalisierung des Eucharistiefensters oberhalb der Nische an Position nord III herangezogen werden (Abb. oben).

Die im späten 15. Jahrhundert noch mit Unterbrechungen, seit dem 16. Jahrhundert nahezu lückenlos erhaltenen Rechnungsbücher der Jakobspflege belegen bereits für den ersten überlieferten Jahrgang 1468 und wiederholt in den nachfolgenden Jahren neben kleineren Reparaturen samt Neuverbleiung „gemalter fenster" umfassende Maßnahmen zur Neuverglasung der Chorfenster mit farblosen Butzenscheiben[20]. Dieser zunächst befremdliche Sachverhalt, bald ein halbes Jahrhundert vor dem Bilderstreit der Reformation, steht zweifelsohne in Zusammenhang mit dem neu errichteten Hochaltar Friedrich Herlins von 1466, als dem zeitgemäßen Bedürfnis nach mehr Licht durch den sukzessiven Ersatz der blind und dunkel gewordenen Ornamentfenster durch farblose Blankverglasungen mit Butzen Rechnung getragen wurde. In jedem Fall konnte aus dem gegebenen Anlass auf die im späten 15. Jahrhundert längstens unzeitgemäß gewordenen Ornamente sicher leichter verzichtet werden als auf jeden figürlichen Fensterschmuck. Reste dieser nach Mitte des 14. Jahrhunderts wohl alle Langchorfenster füllenden Ornamentverglasung sind nur mehr in zwei Kopfscheiben des Chorfensters süd II erhalten geblieben (Abb. unten).

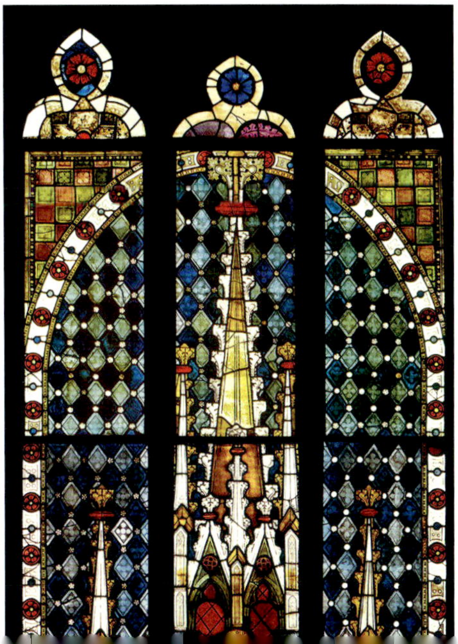

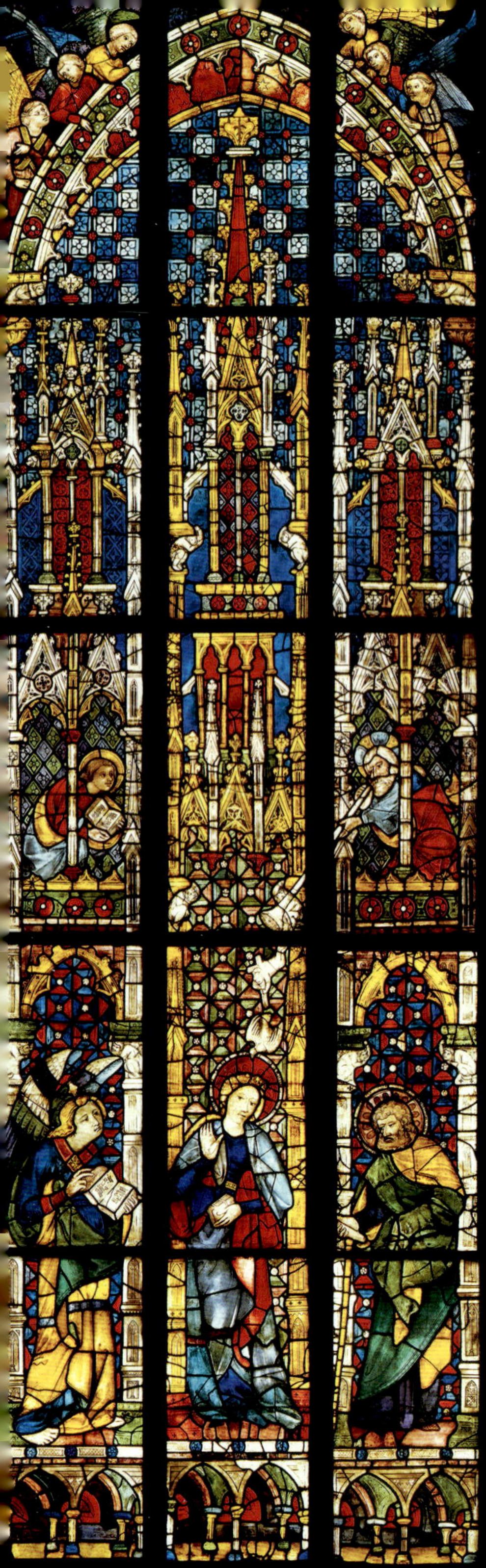

2 *Die auf 15 Felder übergreifende, architektonisch gerahmte Komposition der Verkündigung an Maria, die sich heute mit den fünf Medaillons der freudenreichen Ereignisse im Leben der Gottesmutter im nördlichen Chorschlussfenster befindet, war einst Teil eines eigenen, ansonsten wohl mit Ornamentfeldern verglasten Chorfensters. Die Zusammenstellung der aktuellen Situation erfolgte vielleicht schon nach Mitte des 16. Jahrhunderts, in nachkatholischer Zeit.*

Was an „Glaserarbeit" für St. Jakob im Verlauf des 16. Jahrhunderts noch verzeichnet wird, betrifft nur zum geringsten Teil die Neuanfertigung von partiell mit Glasgemälden gezierten Fenstern, vorzugsweise in der neu errichteten Heilig-Blut-Kapelle auf der Westempore (so 1497, 1517 und 1528). Wann die kompakte Zusammenführung aller mittelalterlichen Farbscheiben in den letzten drei Fenstern des Ostchores – also die gegenwärtige Situation – hergestellt wurde, ist nicht bekannt. Entgegen ersten Vermutungen kann diese Maßnahme nicht erst im 19. Jahrhundert erfolgt sein, wie in zahllosen anderen Fällen. Schon im Vorfeld der umfassenden Erneuerung der Fenster 1855/56, die unter der Leitung des Nürnberger Architekten Carl Alexander von Heideloff vom Glasmaler Stephan Kellner, ebenfalls Nürnberg, durchgeführt wurde, war stets nur von den drei großen, prachtvoll gemalten Fenstern im Chor die Rede. Der zugehörige Schriftwechsel im Rothenburger Stadtarchiv enthält Hinweise auf den teilweise ruinösen Zustand der Glasmalereien, insbesondere der Verbleiung, und auch konkretere Angaben über den Umfang von Reparaturen und Neuanfertigungen[21]. Es findet sich dort aber nichts, was auf eine Umsetzung und Neuordnung der alten Glasgemälde schließen ließe.

1912/13 wurden alle drei Chorfenster einer nochmaligen Neuverbleiung durch die Kgl. Hofglasmalerei F. X. Zettler, München, unterzogen, wobei ein zunächst vorgesehener, rein ästhetisch begründeter Ersatz der Kellner'schen Ergänzungen – das Gutachten Zettlers listet im Achsenfenster 100–150 Stücke, für die Flankenfenster jeweils ca. 80–90 Stücke auf, die ersetzt werden müssten – aufgrund denkmalpflegerischer Einwände weitgehend nicht realisiert worden war. Nur die wenigen Partien, die „gar zu plump" geraten waren, waren in der Stellungnahme des leitenden Architekten zur Wiederherstellung von St. Jakob, Prof. Joseph Schmitz, Nürnberg, ausdrücklich ausgenommen. In diesen Fällen wurde eine Ergänzung vorgenommen, „die zwar harmonisch zum Alten paßt, aber den Unterschied vom Originalbestand klar erkennen läßt“[22]. Im Rahmen derselben Maßnahmen wurden 1910–1914 ebenfalls in der Werkstatt Zettlers neue Fenster für die Westempore sowie die Wernitzer- und die Häuptleinkapelle im nördlichen Seitenschiff geschaffen (s. unten S. 56–70).

Die 1943 im Zuge der Kriegsbergung deponierten Glasmalereien wurden erst in den 1950er-Jahren nach Abschluss umfassender Instandsetzungsarbeiten der Jakobskirche wieder eingesetzt. 1974/75 war zunächst die Restaurierung des Achsenfensters in der Werkstatt von Dr. Gottfried Frenzel in Nürnberg unternommen worden. Sie betraf, neben der Reinigung der Felder, der innenseitigen Freilegung von Kalkablagerungen und Versinterungskrusten sowie einer weitgehenden Abnahme der rückseitig aufliegenden dichten Korrosionsschichten, in begründeten Fällen die Entfernung von Sprungbleien und die Doublierung der betreffenden Gläser. 1984–1986 folgte schließlich die Reinigung und Konservierung der beiden Chorflankenfenster in den Werkstätten Dr. Gottfried Frenzel, Nürnberg (Fenster nord II) bzw. Gustav van Treeck, München (Fenster süd II), bei der ebenfalls die weitgehende vorder- und rückseitige Freilegung von Schmutzkrusten bzw. Wetterstein- und Verbräunungsschichten den Maßnahmenkatalog bestimmte. Bereits im Jahr 1977 hatten alle drei Fenster eine innenseitig belüftete Außenschutzverglasung erhalten.

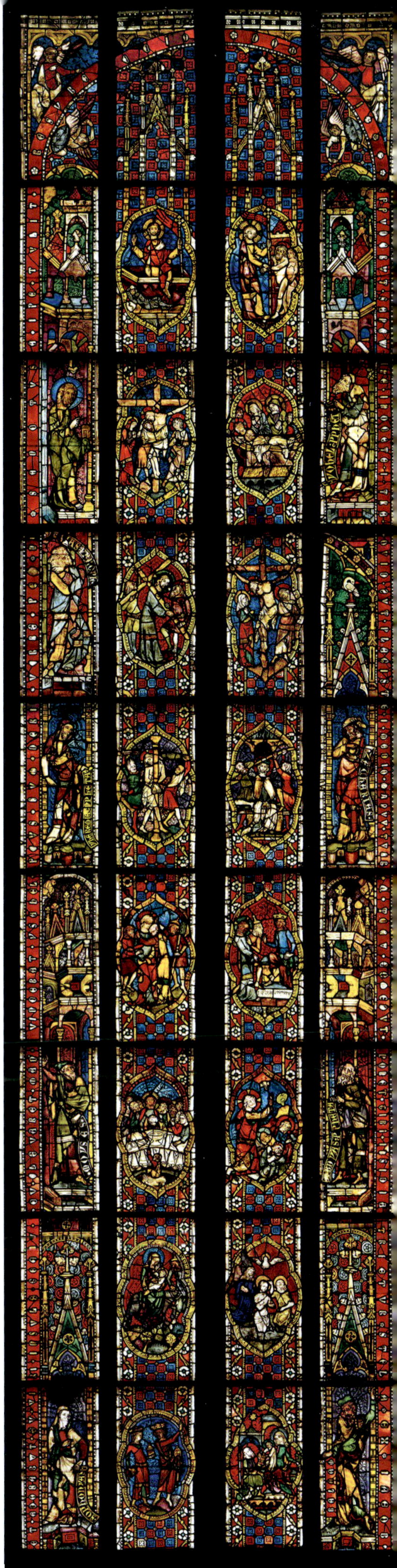

1 *Das Bildprogramm des Chorscheitelfensters widmet sich in den beiden Mittelbahnen in zahlreichen kleinen Medaillons den Ereignissen aus Kindheit und Passion Christi. In den Seitenlanzetten erscheinen in Architekturtabernakeln Standfiguren von Propheten, deren Weissagungen auf die benachbarten Darstellungen Bezug nehmen.*
Das Fenster steht in engem stilistischen Zusammenhang mit dem etwas älteren Thron-Salomonis-Fenster im Augsburger Dom und dem jüngeren Passionsfenster der Regensburger Minoritenkirche, ohne dass wir jeweils die Werkstätten genauer lokalisieren könnten.

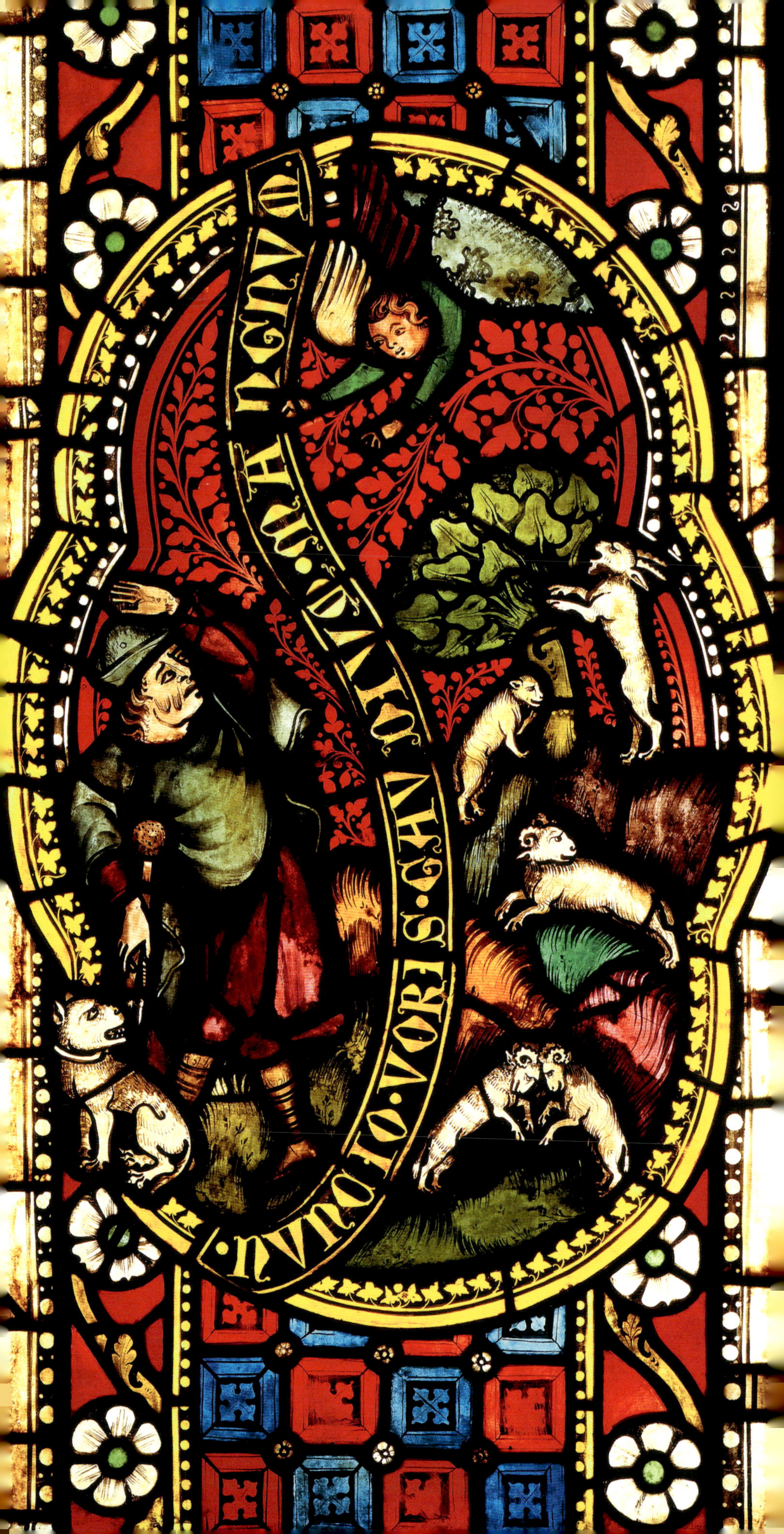

Die mittelalterlichen Farbfenster des Chores

Nach diesem einführenden Überblick, in dem die einzelnen Phasen der bauzeitlichen Farbverglasung der Jakobskirche hinsichtlich der zugrundeliegenden Stiftermotivationen, ihrer Entstehung sowie ihres weiteren Schicksals im Lauf der Jahrhunderte im Zusammenhang betrachtet wurden, wenden wir uns nun ausführlicher den drei erhaltenen Chorfenstern im Einzelnen zu.

1 Chorfenster I: Christusfenster

Stiftung des Ritters Götz Lesch von Endsee. Nürnberg oder Regensburg(?), um 1350.

Das vierbahnige Chorachsenfenster – mit 56 Rechteck- und 14 Maßwerkfeldern der umfangreichste Einzelbestand – widmet sich in Anlehung an die Bildtraditionen der *Biblia pauperum* der Erfüllung alttestamentlicher Vorbilder und Weissagungen durch die Menschwerdung und die Passion Christi – an dieser prominenten Stelle erwartungsgemäß das zentrale Programm der Heilsgeschichte. Die beiden Mittelbahnen enthalten von Zeile drei aufwärts in kleinen passförmigen Medaillons vor durchlaufendem Teppichgrund einen Christuszyklus, angefangen bei der Verkündigung an Maria bis zu Auferstehung und Höllenfahrt Christi. Anstelle szenischer Präfigurationen des Alten Testaments erscheinen jedoch in den seitlichen Bahnen unter Tabernakeln lediglich die Standfiguren von zwölf Propheten, gerahmt durch ein umlaufendes Schriftband mit den jeweils zugehörigen Textverweisen und Weissagungen (vgl. Abb. S. 11). Dieses Nebeneinander zweier grundlegender Kompositionssysteme hochgotischer Glasmalerei (Medaillons vor Teppichgrund und Standfiguren in Architekturtabernakeln) innerhalb eines Fensters ist eine Rothenburger Besonderheit, gleichwohl nicht gänzlich ohne Vorbild, wie ein Blick auf die um 1300 entstandenen Chorfenster der Esslinger Stadtkirche St. Dionys beweist, dort namentlich auf das Märtyrerfenster (Chor nord II) mit der Darstellung von Heiligenmartyrien in Passbogenmedaillons zwischen den Standfiguren der Klugen und Törichten Jungfrauen in den Seitenbahnen (Abb. unten).

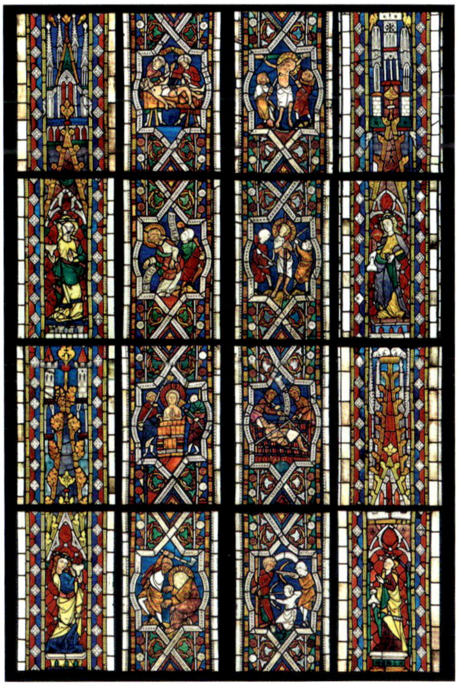

Die Verkündigung an die Hirten ist Bestandteil des Weihnachtsevangeliums (Lukas 2,8–12), erscheint hier aber aus Platzgründen nicht wie üblich neben, sondern eine Zeile unterhalb der Geburtsszene. Das Spruchband des steil herabschwebenden Engels teilt die Komposition in ein Gegenüber von Hirt und Herde. Dies und die derb charakterisierte, erschreckt und geblendet aufsehende Gestalt des Hirten sind in großen Zügen bereits in der Esslinger Frauenkirche vorgebildet. Das ansteigende Terrain der Landschaft mit Schafen und Ziegen und das am Baum aufgerichtete Böcklein weisen andererseits zurück auf die gleichnamige Szene im Chor der Königsfeldener Klosterkirche.

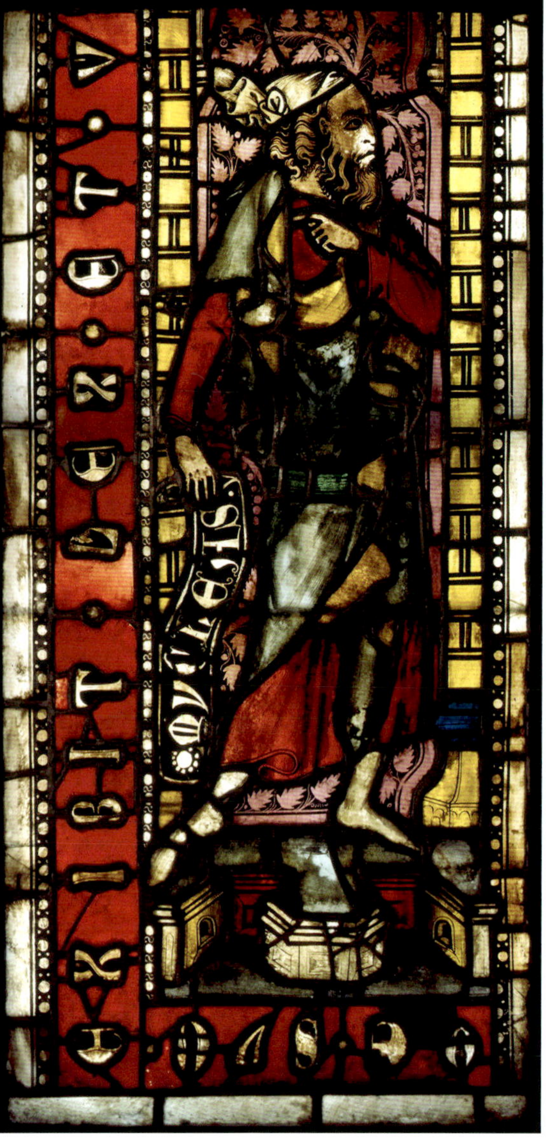

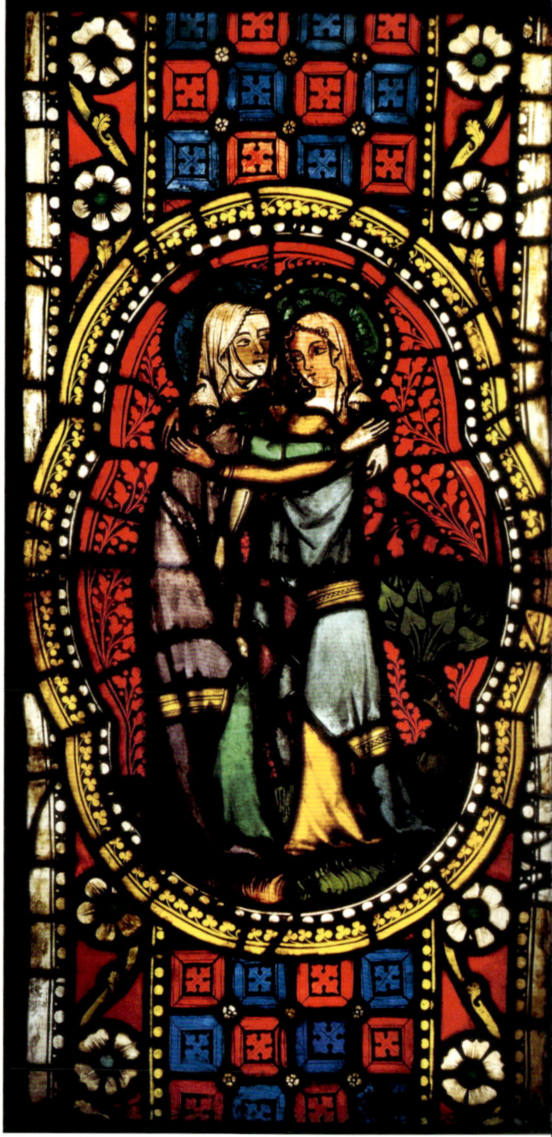

Der Text der Umschrift (Jesaja 2,3 bzw. Micha 4,2) weist, wie die Weissagung im Buch Jesaja in den Feldern 2/3d (Jesaja 7,14), auf die Ankunft Christi voraus und steht hier zusammen mit dem Bild des Propheten Micha im Kontext der Verkündigung an Maria (3b/c). In der Biblia pauperum wird Micha dagegen in Anlehnung an seine Weissagung über Bethlehem als das kleinste, doch keineswegs geringste der Geschlechter Judas (Micha 5,1) in aller Regel der Geburt Christi zugeordnet. – Die Begegnung von Maria mit ihrer Base Elisabeth, die zeitlich zwischen Verkündigung und Geburt angesiedelt ist, folgt in Rothenburg dem traditionellen Bildtypus der Umarmung; Maria wird lediglich durch das offen getragene Kopftuch als die jüngere der beiden schwangeren Frauen gekennzeichnet.

In der untersten Fensterzone, abgetrennt durch ein getrepptes Maßwerkband, erscheinen die Standfiguren der Hll. Jakobus und Elisabeth, der Patrone des Deutschen Ordens, flankiert durch das Wappen und das Stifterbild des knienden Ritters Götz Lesch von Endsee (vgl. Abb. S. 1 und 6).

Der neutestamentliche Themenkreis nimmt seinen Anfang oberhalb der Evangelistensymbole in der dritten Zeile mit der auf zwei Felder übergreifenden Szene der Verkündigung an Maria. Auch die umlaufende Inschrift beginnt in 2/3a am unteren Rand mit der Weissagung der Propheten Jesaja 2,3 bzw. Micha 4,2: *De Syon exibit Lex et Verbum Domini de Ierusalem*; sie endet in 2/3d entsprechend korrekt mit Jesaja 7,14: *Ecce Virgo concipiet et periet filium.*

In der vierten und fünften Zeile folgen auf die Heimsuchung (Abb. oben) die Ereignisse der Christnacht, die Verkündigung an die Hirten (Abb. S. 12) und die wieder auf zwei Medaillons verteilte Geburt Christi. Die Propheten Daniel und Habakuk in den begleitenden Seitenlanzetten sind mit ihren Umschriften (Daniel 2,45: *de monte abscisus est lapis sine manibus* bzw. Habakuk 3,2: *audivi*

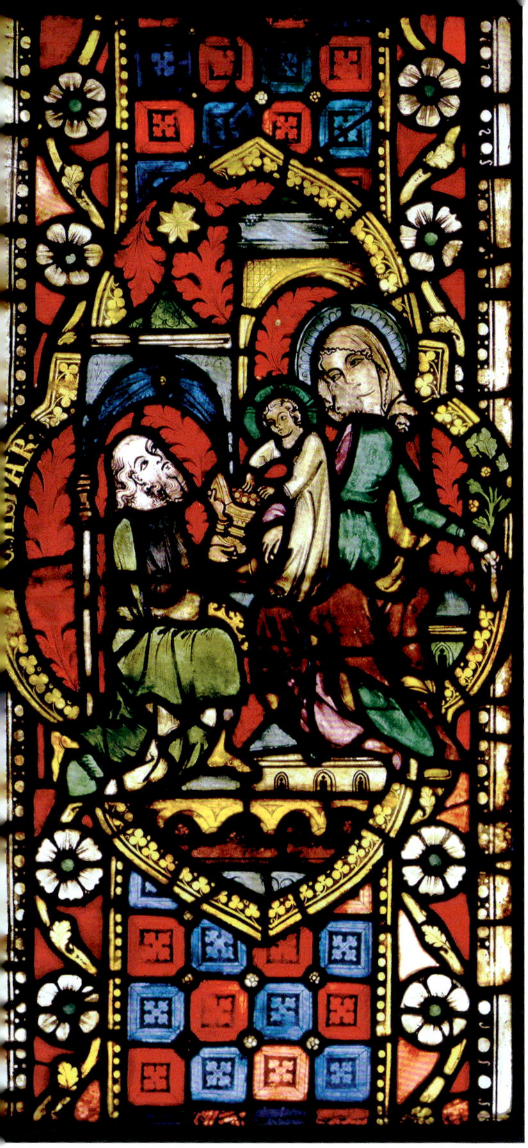

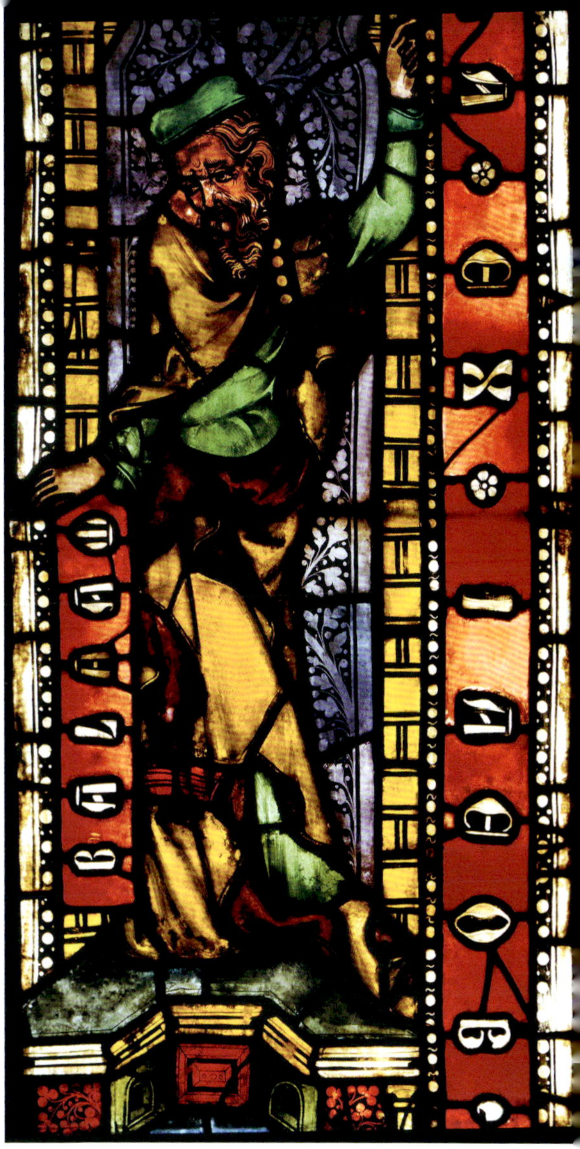

Die Huldigung der drei Könige zeigt alle im Spätmittelalter geläufigen Hauptmotive: die seitlich thronende Gottesmutter mit dem bekleidet auf ihrem Schoß stehenden Knaben, der mit kindlicher Neugier den Wert der Geschenke prüft, die ihm der barhäuptig kniende älteste König in einem goldgefüllten Pokal darreicht (Abb. oben) sowie in dessen Gefolge die beiden herannahenden, auf den wegweisenden Stern über dem Stall von Bethlehem achtenden jüngeren Könige (Abb. S. 11 unten). In der Hand hält Maria als Sinnbild der Wurzel Jesse das blühende Reis, von dem der Prophet Jesaja spricht (Jesaja 7,14). Der Seher Balaam im Feld daneben präsentiert seine Vision vom kommenden König Israels: „Ein Stern geht auf in Jakob, ein Zepter erhebt sich in Israel“ (4 Mose/Numeri 24,17).

vocem in medio duorum animalium) im Kontext der Menschwerdung Christi belegt, wobei der Habakuktext der Septuaginta mehrfach zur Deutung von Ochs und Esel im Weihnachtsbild herangezogen wurde.

In der sechsten und siebten Zeile setzt sich die Kindheitsgeschichte mit der Anbetung der Könige und der Flucht nach Ägypten fort und schließt mit der im 19. Jahrhundert komplett erneuerten Darstellung der Taufe Christi. Auch die Propheten Sophonias und Balaam zu beiden Seiten sitzen an ihren angestammten Plätzen und spielen mit ihren Weissagungen auf die Huldigung des neugeborenen Königs durch die vom Stern zum Stall von Bethlehem geleiteten Weisen aus dem Morgenland an (Sophonias 2,11: *et adorabunt eum vir de loco suo omnes insulae gentium*; 4 Mose/Numeri 24,17: *orietur stella ex Iacob*; Abb. oben).

In der achten und neunten Zeile nimmt die Leidensgeschichte Christi ihren Anfang mit dem Letzten Abendmahl (Abb. S. 16), dem Gebet am Ölberg, Judaskuss und Gefangennahme sowie der Vorführung vor Pilatus (Abb. S. 18). Von den flankierenden Propheten Moses und Abdias ist nur der Text des Letzteren durch den Hinweis auf

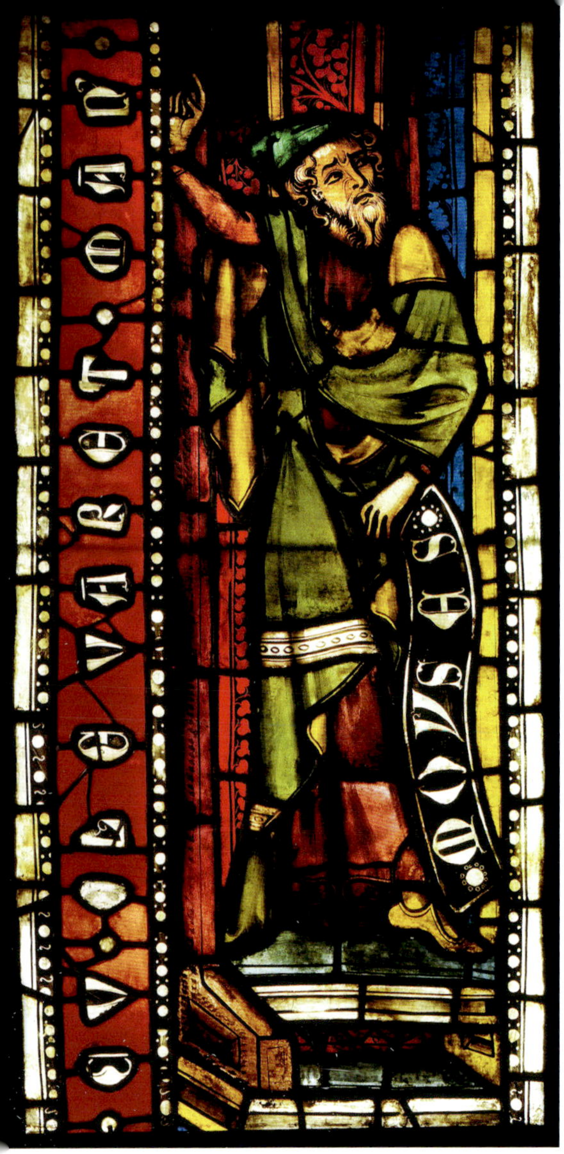

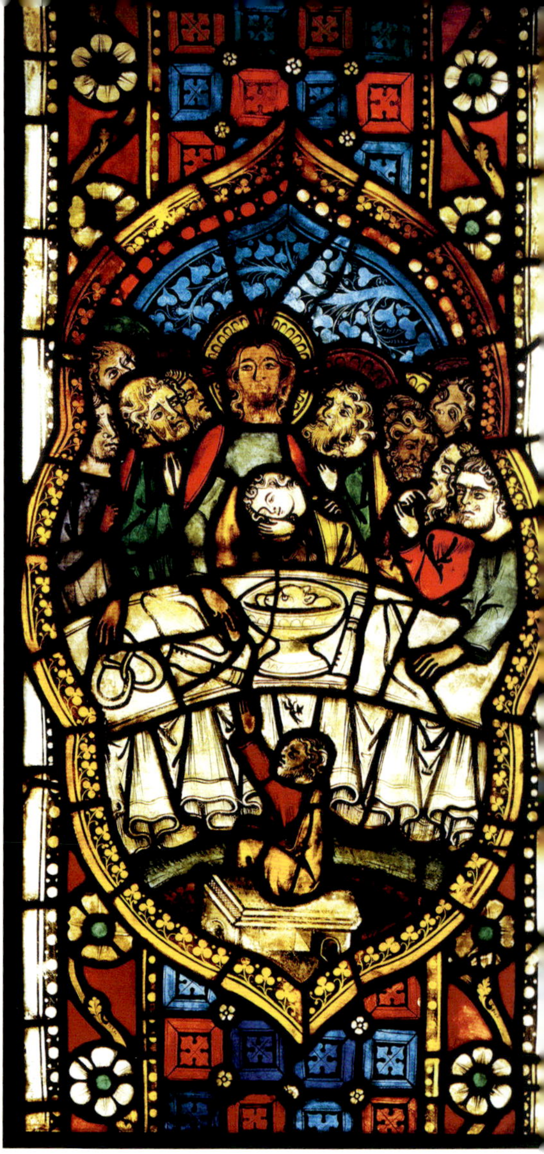

Im Unterschied zur Mehrzahl zeitgenössischer Abendmahlsdarstellungen in der Glasmalerei des Oberrheins, Südwestdeutschlands und der Schweiz, die auf die Wiedergabe weniger Apostel beschränkt bleiben, zeigt das Rothenburger Medaillon in notgedrungen starker Überschneidung der Figuren Christus im Kreise aller zwölf Jünger. Hervorgehoben sind wie üblich der an der Brust des Herrn ruhende Lieblingsjünger Johannes und der Verräter Judas vor dem Tisch im Augenblick der Verräterbezeichnung: „Und nach dem Bissen (den ihm Jesus gereicht hatte) da fuhr der Satan in ihn", hier textgetreu nach Johannes 13,26f. in Gestalt eines kleinen schwarzen Dämons. Auf dem Tisch mit üppig drapiertem Tischtuch sieht man die Schüssel mit dem Osterlamm (Hinweis auf Christi Opfertod), Brote, Messer und eine Brezel.

den Verräter Judas an dieser Stelle gesichert (Abdias 7: *qui comedunt tecum ponent insidias subter te*). Auf welches der nebenstehenden Ereignisse hingegen das Vorbild Moses bezogen werden soll, ist weniger klar (Abb. oben). Der Vers aus dem 2. Buch Mose, Exodus 17,11 – *cumque levaret Moses manus vincebat Israhel* – steht in anderen Fällen eher im Zusammenhang mit der Kreuzigung. Diese folgt indes erst in Zeile elf am Ende des Leidens, das durch die Geißelung, die Dornenkrönung und die Kreuztragung eingeleitet wird (Abb. S. 17). Die Umschriften der Propheten Jeremia und Zacharias in 10a und 10/11d verweisen auf die Verspottung Christi am Rande der Dornenkrönung (Jeremia 20,7: *factus sum in derisum*) und die Seitenwunde, die Christus bei der Kreuzigung durch den Soldaten Longinus zugefügt wurde (Zacharias 13,6: *quid sunt plagae istae in medio manuum tuarum*).

Die Zeilen 12/13 sind Kreuzabnahme, Grablegung, Auferstehung und Höllenfahrt Christi gewidmet (Abb. S. 11 und 23). In der linken Fensterbahn ist hier die einzige Störung im Fenster zu verzeichnen, da anstelle der

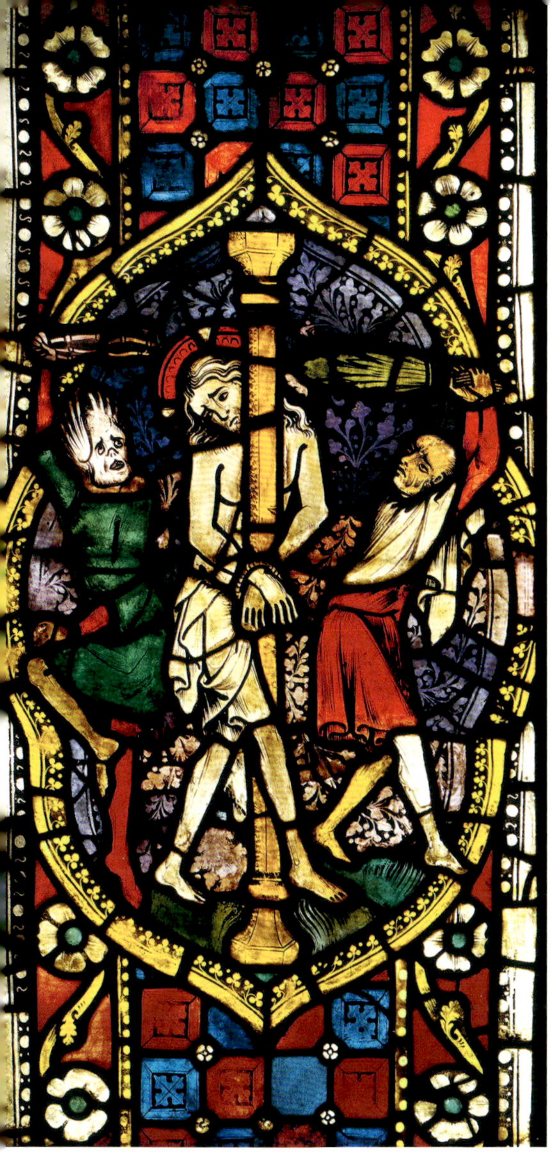

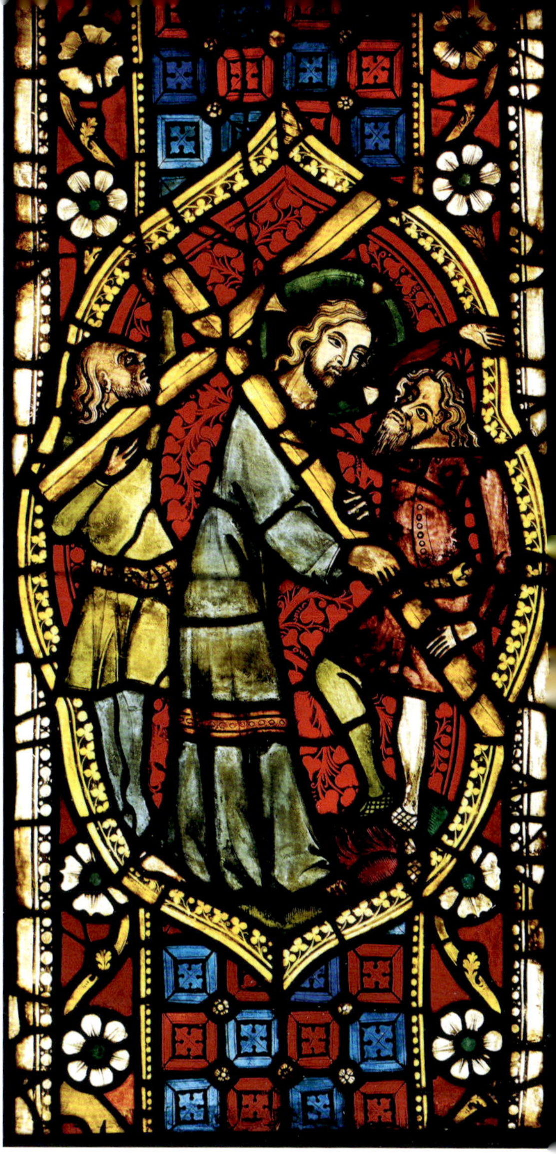

Die Geißelungsszene zeigt Christus in qualvoll gewundener Haltung an die Säule gefesselt und von den Schergen und Soldaten malträtiert. Der seltsam gefiederte Kopfschmuck in Verbindung mit den faunischen Gesichtszügen des linken Schergen wurde als „Signum des Bösen" gedeutet und findet sich vergleichbar auch im etwa zeitgleichen Passionsfenster in Straßengel in der Steiermark und in der Gefangennahme Christi im wenig früheren Hofgeismarer Altar, den noch weitere Motive mit dem Rothenburger Achsenfenster verbinden[23]*. – Die Szene der Kreuztragung ist auf die Interaktion weniger Figuren beschränkt. Im Zentrum steht Christus, gebeugt unter der Last des Kreuzes, hinter diesem die kleinere Gestalt Simons von Cyrene, der, zum Mittragen gezwungen, unter sichtbarer Anstrengung den Querbalken stützt. Auf der rechten Seite hat sich einer der Soldaten in den Weg gestellt und den Arm zum Schlag gegen Christus erhoben.*

Architekturbekrönung an Position 11a der Prophet Jesaja um eine Zeile herabgesetzt und in 12a ein Apostel eines abgegangenen Chorflankenfensters eingefügt wurde (Abb. S. 20 links). Auch die Umschrift aus dem Buch Joel in 12/13d ist in keinem typologischen Zyklus im Kontext der benachbarten Szenen nachzuweisen (Joel 4,19: *Et effuderint sanguinem innocentem in terra sua*).

Durch das in einem Rundbogen abschließende Umschriftband der 14. Zeile werden alle vier Fensterbahnen optisch in einer Gesamtkomposition zusammengefasst (Abb. S. 11).

In den Zwickeln oberhalb des Bogens sitzen Engel, die gleichsam das Fenster präsentieren. Durch ihr Hinweisen auf die Umschrift *RESVRECCIO DOMINI* rufen sie zugleich die Erinnerung an den Engel des Herrn wach, der den Frauen am leeren Grab die Botschaft vom Wunder der Auferstehung bringt. Die aus Wolken herabstürzenden Engel, die die Hände klagend verschränken, sind wohl im Kontext der Kreuzigung geläufig, hier oberhalb der Auferstehung aber nicht zwingend motiviert und eher als Lückenfüller zu betrachten (Abb. S. 24).

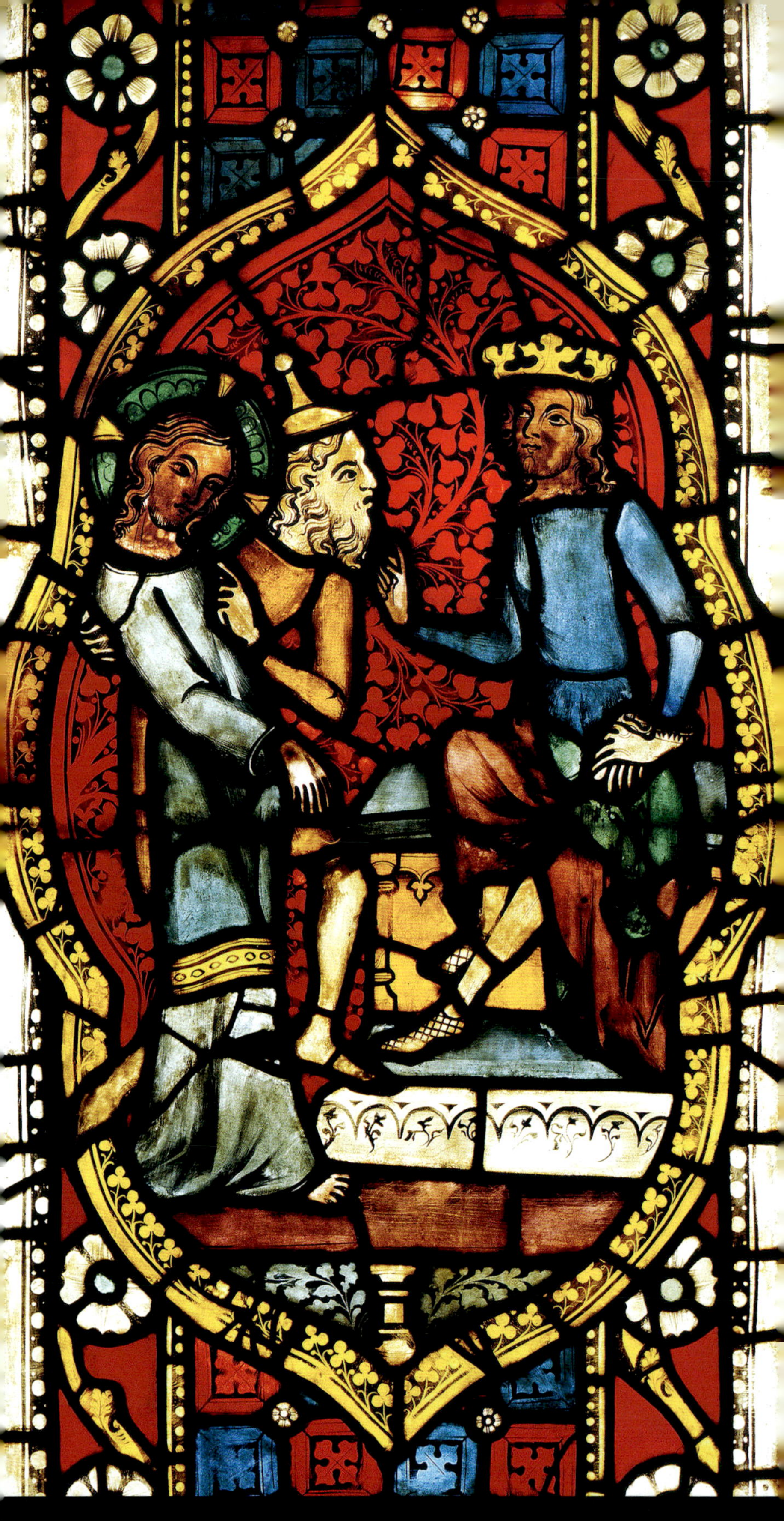

ie Szene des Verhörs durch den römischen Statthalter Pilatus zeigt diesen – wenngleich istorisch unkorrekt – nicht selten mit der Krone des Herrschers. Die nur andeutungswei- überschlagenen Beine gehören zur mittelalterlichen Vorstellung des objektiven Rich- rs. Der Handschuh, den Pilatus ausgezogen hat und nun in seiner linken behandschuh- n Hand hält, ist Amts- und Herrschaftszeichen der von Rom übertragenen Gewalt.

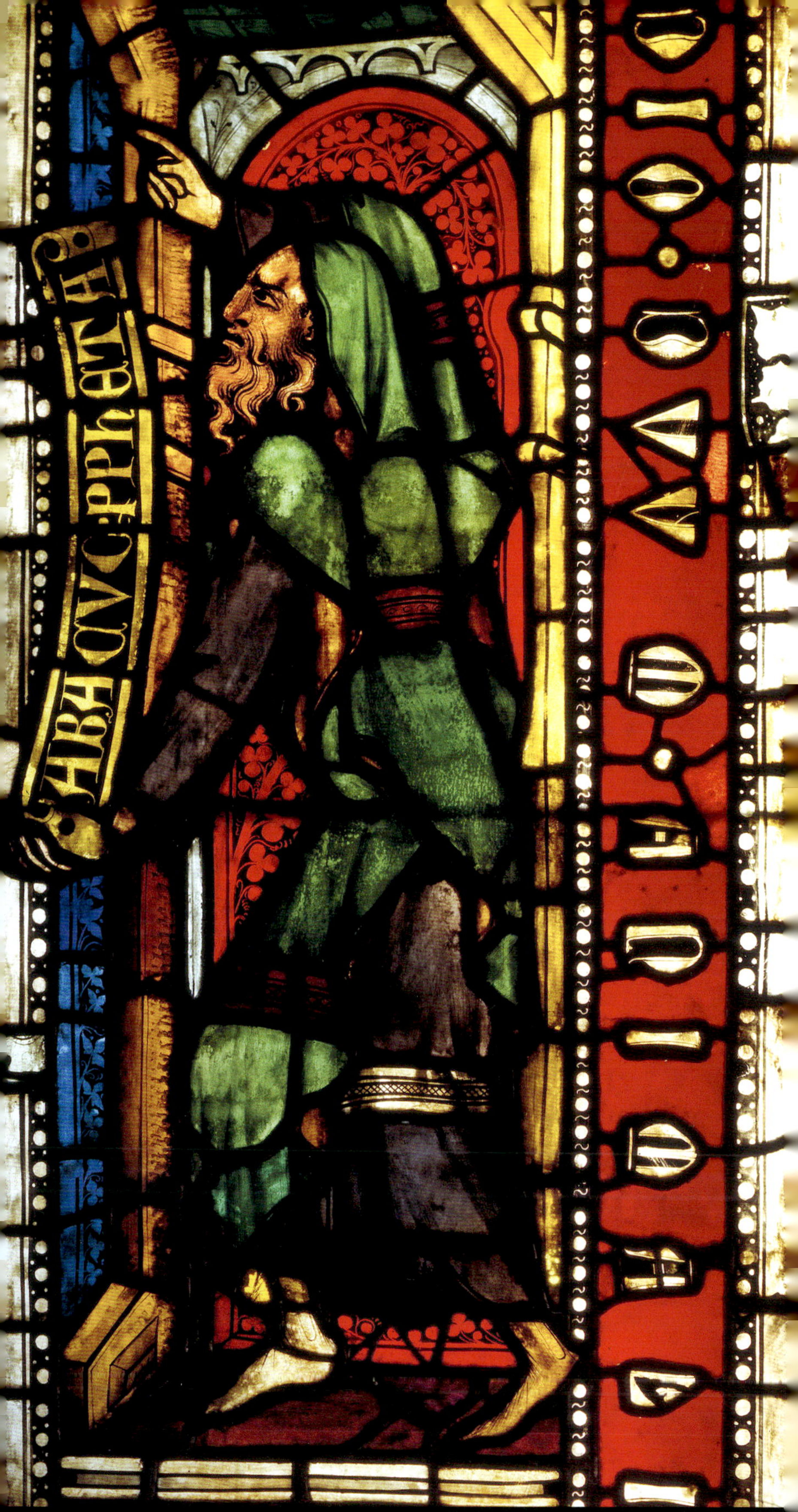

Die Gestalt des Propheten Habakuk, dessen Weissagung auf die Anwesenheit von Ochs und Esel an der Krippe des neugebornen Erlösers gedeutet wurde, zählt zu den energischsten unter den alttestamentlichen Glaubenszeugen des Rothenburger Chorscheitelfensters. Vergleichbar dynamische Vorläufer finden sich auch vereinzelt im etwas älteren Thron-Salomonis-Fenster des Augsburger Doms aus dem gleichen Werkstattkreis.

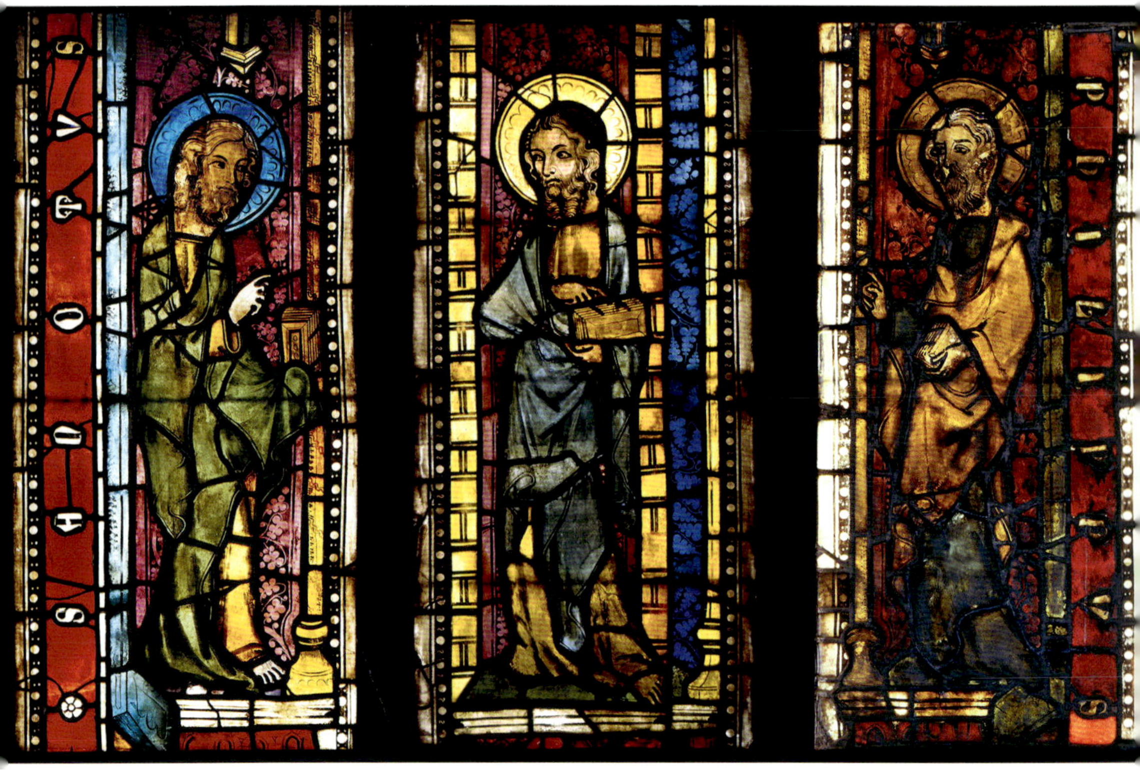

Die heute als Lückenfüller auf mehrere Fenster verteilten Apostel sind der einzige erhaltene Rest von einem oder mehrerer Apostel-(und Heiligen?)fenster. Die Standfiguren in Architekturtabernakeln waren mit hoher Wahrscheinlichkeit in einen durchlaufenden ornamentalen Teppichgrund eingefügt, wie es an anderen Farbverglasungen der Zeit wie z.B. der Dominikanerkirche in Colmar noch heute der Fall ist (Abb. S. 21).

Relikte von einem oder mehrerer Apostelfenster

Inwieweit der neu errichtete Chor um die Mitte des 14. Jahrhunderts über das Achsenfenster des Götz Lesch hinaus verglast gewesen war und wie die restlichen Chorfenster anfänglich ausgesehen haben, ist zumindest in Ansätzen zu erschließen.
Wenigstens zwei weitere Fenster derselben Stilstufe und Werkstatt sind durch Reste in den Maßwerken und durch Einzelscheiben mit Sicherheit nachzuweisen: Drei stehende Apostel, die im südlichen Chorflankenfenster in der untersten Zeile und im Achsenfenster anstelle eines verlorenen Tabernakels (in Zeile 12) abgestellt wurden, sind die wenigen Überreste von einem oder mehrerer Apostel-(und Heiligen?)fenster, die in Stil und Komposition ziemlich genau den Außenbahnen des Chorachsenfensters entsprochen haben (Abb. oben). Rahmende Stützen und Hängekonsolen über den Köpfen der seitlichen Apostel weisen auf ehemals vorhandene Architekturbekrönungen, vergleichbar den Propheten im Achsenfenster.

Rechnet man für die Rekonstruktion mit einem reinen Standfigurenfenster, dann wären zur Füllung der 15 Zeilen hohen Fensterfläche neben den zwölf Aposteln noch ebensoviele andere stehende Heilige nötig gewesen, von denen sich aber keinerlei Spuren erhalten haben. Naheliegender ist indes eine zweite Möglichkeit, die die ehemals zwölf Apostel auf mehrere Fenster verteilt und den überwiegenden Rest der Fensterflächen bis hinauf in die Fensterspitzen mit einer umfangreicheren Ornamentverglasung füllt.

Für diese zweite Möglichkeit spricht ganz allgemein das Prinzip der Verbindung von Figuren- und Ornamentfenstern, das in zahlreichen Pfarr- und Ordenskirchen bis zur Mitte des 14. Jahrhunderts verbreitet war. Wenn auch nur sehr wenige Beispiele soweit überliefert sind, dass sie noch eine

angemessene Vorstellung des ehemaligen Gesamtkonzepts vermitteln können, so lässt sich doch für eine größere Zahl namhafter Standorte ein entsprechender Verglasungstypus sicher rekonstruieren[24].
Im konkreten Fall der Chorverglasung von St. Jakob in Rothenburg kann sich eine entsprechende Rekonstruktion aber auch auf die Überlieferung zeittypischer Ornamentmuster in zwei Kopfscheiben des Chorfensters süd II (16a und c) stützen, die sich dort noch an ihrem angestammten Platz befinden und keinerlei Verbindung mit den heute darunter ansetzenden Scheiben aufweisen (Abb. S. 9 unten). Beide zeigen die Spitzen längerer Ornamentbahnen, die ehemals – als Umgebung für eine am Fuß oder auf halber Höhe oder auch in zwei Registern des Fensters übereinander eingeschobene Figurenreihe bzw. -reihen – größere Teile der Fensterfläche füllten[25].

Eine Vorstellung, wie dies einst ausgesehen haben könnte, bieten z.B. die Chorschlussfenster der Dominkanerkirche in Colmar aus der Zeit um 1300, wo zu beiden Seiten des Chorachsenfensters zwei Apostelfenster mit je sechs Figuren in Tabernakeln inmitten einer ornamentalen Umgebung sitzen[26]. Nimmt man diese Konzeption auch für St. Jakob in Anspruch, dann waren in der Erstverglasung um die Mitte des 14. Jahrhunderts offenbar nur die von Westen aus sichtbaren drei Chorschlussfenster mit figürlichen Darstellungen, teils mit Medaillons, teils mit Standfiguren, gefüllt, während die anschließenden Langchorfenster reine Ornamentverglasungen enthielten.

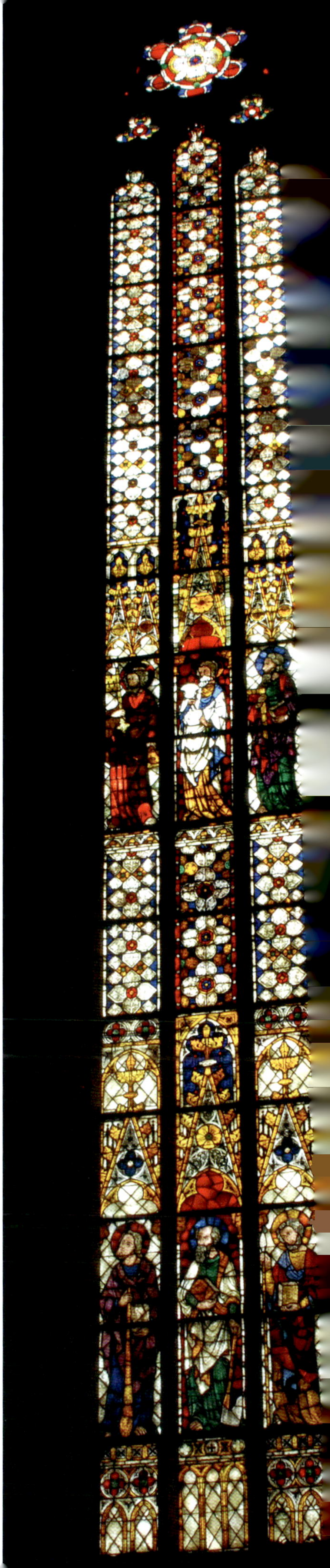

Die Fensteröffnungen der Dominikanerkirche in Colmar entsprechen mit drei Bahnen und 15 Zeilen sehr exakt den Dimensionen der Chorflankenfenster von St. Jakob in Rothenburg. Am Fuß und auf halber Höhe sind in durchlaufende ornamentale Teppichgründe Tabernakel mit Standfiguren der Apostel eingefügt. Obwohl 1917–1928 einer eingreifenden Restaurierung unterzogen, spiegelt die aktuelle Situation noch recht genau die ursprüngliche Konzeption der Verglasung wider.

Zur stilistischen Verortung des Fensters

Das um 1350 entstandene Chorachsenfenster ist das älteste in seinem ursprünglichen Kontext und zudem weitgehend intakt erhaltene Farbfenster in Franken. Für allgemeinere Kompositionsprinzipien sind wiederholt die Chorverglasungen der Esslinger Stadtkirche St. Dionys und des Doppelklosters Königsfelden im Aargau herangezogen worden. Im Detail führen diese Vergleiche allerdings kaum über ikonografische Bezüge hinaus. In der jüngeren Forschung wurde mehr auf die engeren formalen Zusammenhänge mit dem Thron-Salomonis-Fenster im Augsburger Dom und mit dem Passionsfenster aus der Regensburger Minoritenkirche (Abb. unten) verwiesen, wobei das eine etwas früher (um 1340), das andere wenig später (um 1350/60) als Rothenburg anzusetzen ist[27]. Ein werkstattmäßiger Zusammenhang, der zunächst für Augsburg und Rothenburg, schließlich für alle drei Verglasungen vertreten wurde, ist – ungeachtet der regionalen Streuung sowie jeweils spezifischer Eigentümlichkeiten der betreffenden Werke – nicht von der Hand zu weisen. Dabei dürften die vorhandenen formalen, technischen und motivischen Übereinstimmungen in erster Linie über die Bauhüttenkontakte und sporadische Filiationen von Glasmalertrupps vermittelt worden sein, ohne dass der Sitz der verantwortlichen Ateliers jeweils definitiv zu bestimmen wäre.

Eine Spur führt gleichwohl auch nach Nürnberg, das schon früh als möglicher Werkstattsitz erwogen wurde[28]. Da sich an Nürnberger Glasmalerei der Jahrhundertmitte am Ort so gut wie nichts erhalten hat, wurde – ausgehend von der späteren Chorverglasung in St. Martha in Nürnberg – auf die übereinstimmenden seitlichen Inschriftborten als charakteristisches Merkmal hingewiesen. Formal noch enger verwandt sind in dieser Hinsicht einzelne der von Nürnberger Glasmalern geschaffenen riesigen vierbahnigen Chorfenster im Erfurter Domchor. Diese zeigen nicht nur die gleichen seitlichen Umschriftborten – im Passionsfenster (Chor nord II) sogar wie in Rothenburg in Verbindung mit Propheten in den Außenbahnen –, sondern dort wird auch im oberen abschließenden Rundbogen mit den Architekturspitzen vor Karogrund und begleitenden Engeln in den Zwickeln die Rothenburger Lösung annähernd wörtlich wiederholt[29].

Formale und insbesondere ornamentale Rückbezüge der späteren, nun mit großer Wahrscheinlichkeit aus Nürnberg angelieferten Rothenburger Chorflankenfenster in das künstlerische Umfeld des Passionsfensters der Regensburger Minoritenkirche und des Augsburger Thron-Salomonis-Fensters sprechen ebenfalls dafür, bereits für das Rothenburger Achsenfenster einen Vorläufer dieser (Nürnberger) Werkstatt verantwortlich zu machen[30]. Tatsächlich dürfte mit der Farbverglasung des etwa gleichzeitig vor Mitte des 14. Jahrhunderts neu errichteten Chors der Nürnberger Deutschordenskirche St. Jakob das entscheidende Bindeglied zum Achsenfenster der Rothenburger Ordenskirche verloren gegangen sein. Hier waren an der skulpturalen Chorausstattung aber auch Münchner Hofwerkstätten tätig, was hinsichtlich des überregionalen Einzugsbereichs der künstlerischen Kräfte wiederum Altbayern ins Spiel bringt[31].

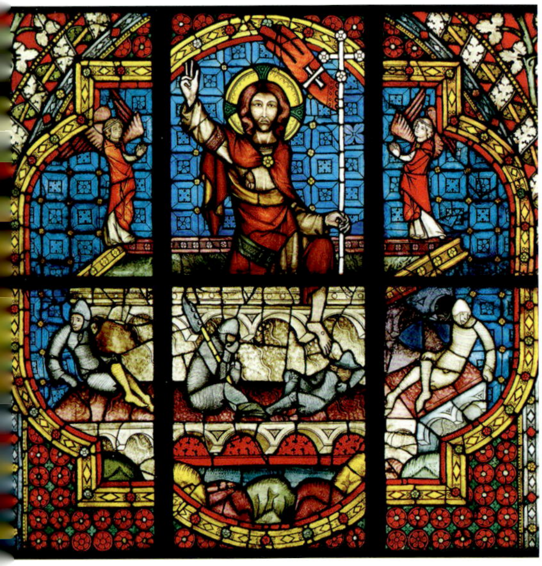

Auferstehung Christi aus dem Passionsfenster der Regensburger Minoritenkirche. München, Bayerisches Nationalmuseum.

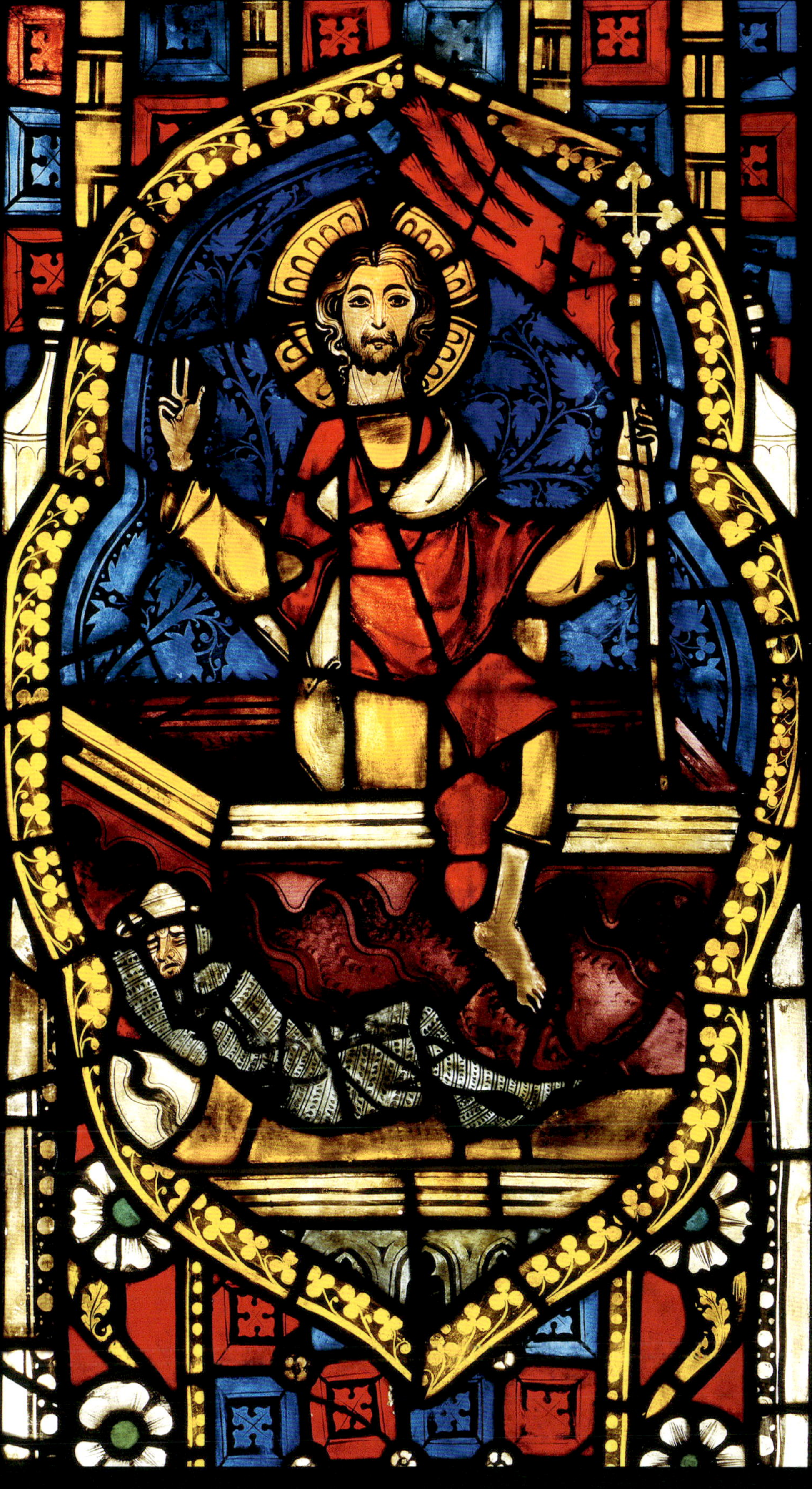

Das zentrale Ereignis der Osternacht zeigt den vom Tod Auferstandenen, der in streng frontaler Haltung dem Sarkophag entsteigt, in der Linken die Siegesfahne, die Rechte im Segensgestus erhoben. Vor dem Sarkophag liegt hingestreckt einer der schlafenden Grabwächter. Die Pharisäer hatten von Pilatus eine Bewachung des Grabes gefordert, damit der Leichnam Christi nicht von dessen Jüngern gestohlen und so die Auferstehung vor dem Volk vorgetäuscht werde (Matthäus 27,62–66).

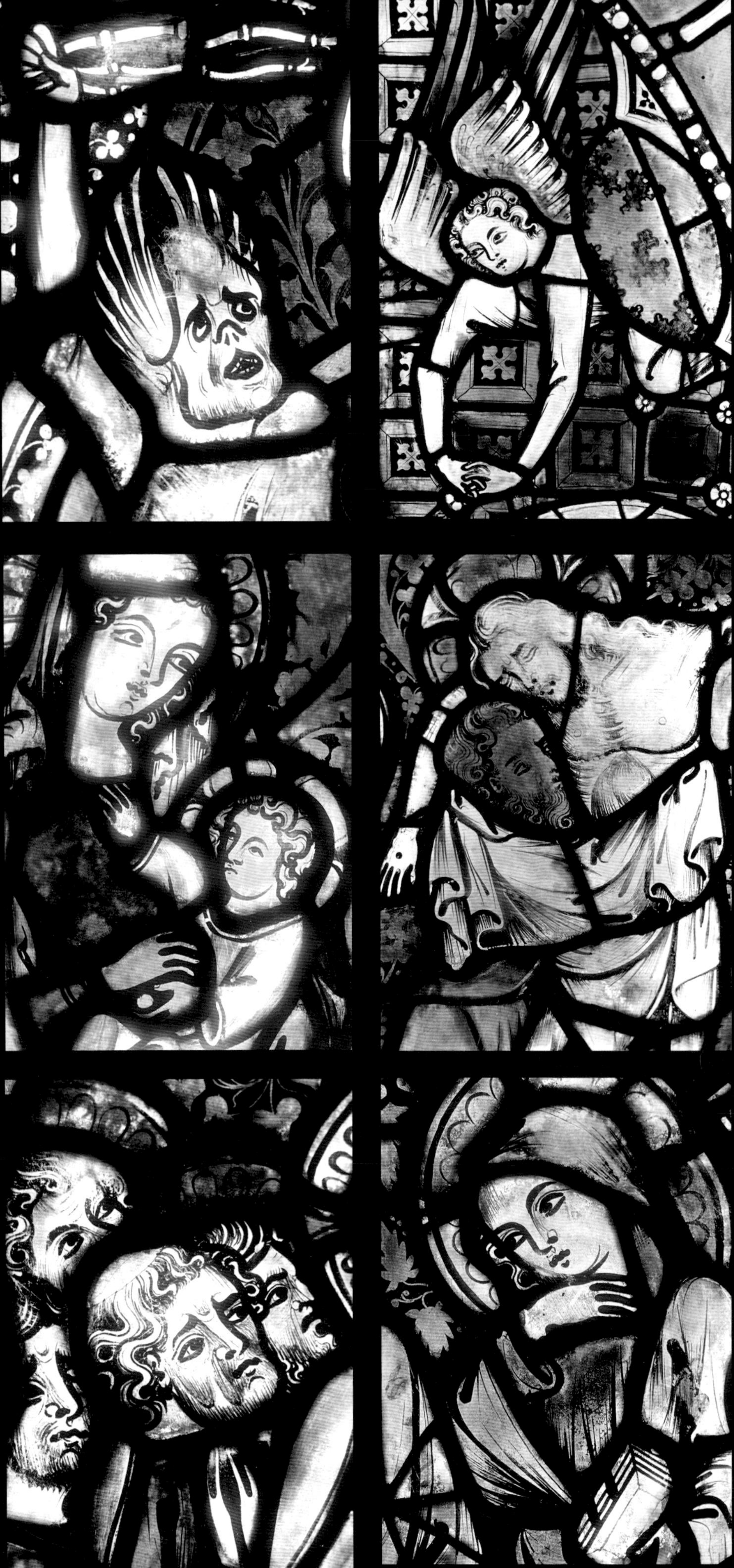

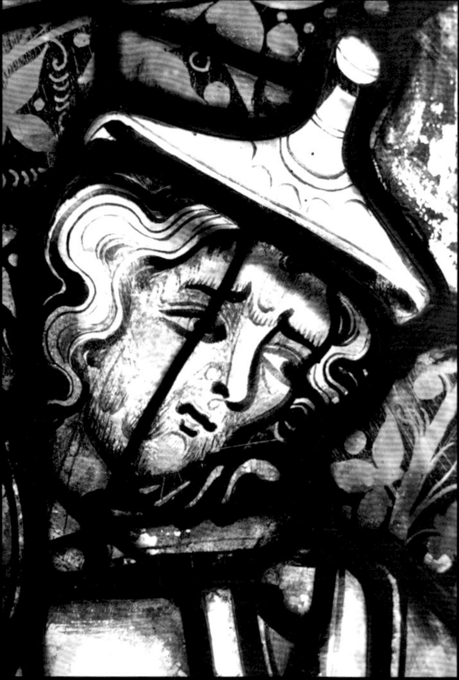

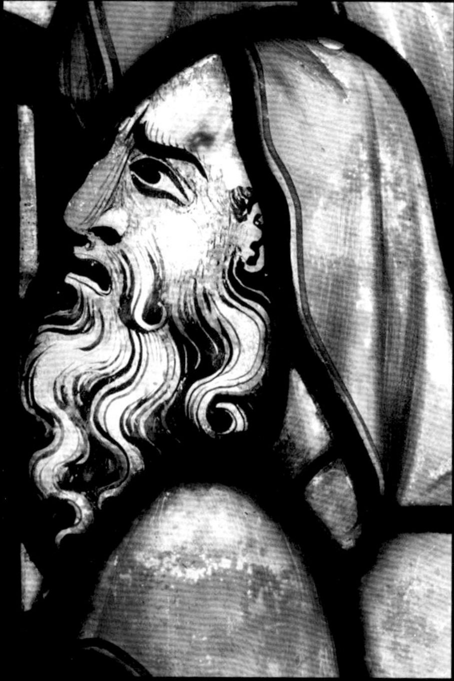

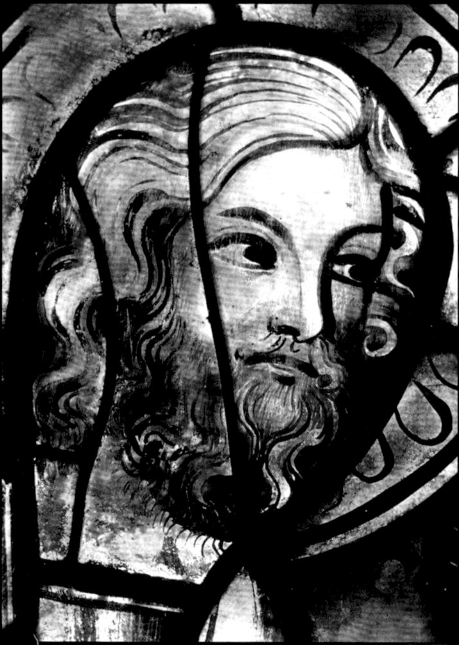

Als die Glasgemälde während des Zweiten Weltkriegs ausgebaut und sicher eingelagert wurden, nahm man die Gelegenheit wahr, den gesamten Bestand Scheibe für Scheibe und in zahlreichen Details zu fotografieren.
Die seinerzeit von dem Konstanzer Fotografen Martin Hamacher im Auftrag angefertigten Schwarzweiß-Aufnahmen gelangten später in das Bildarchiv der Freiburger Arbeitsstelle des deutschen Corpus Vitrearum Medii Aevi.
Auswahl von oben nach unten:
Scherge der Geißelung (10b); klagender Engel (14d); Hl. Joseph in der Geburt Christi (5b); Prophet Habakuk (4b); Maria mit Kind (7b); Kreuzabnahme (12b); Apostel (12a); Apostelgruppe beim Letzten Abendmahl (8b); Maria bei der Grablegung Christi (12c); Prophet Moses (8a); Engel im Zwickel der Fensterspitze (14d).

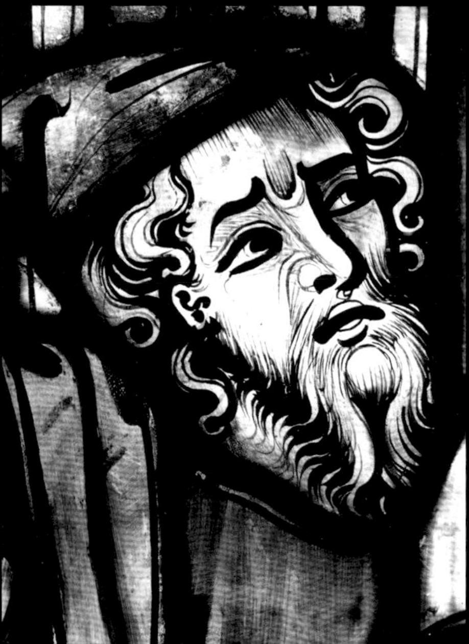

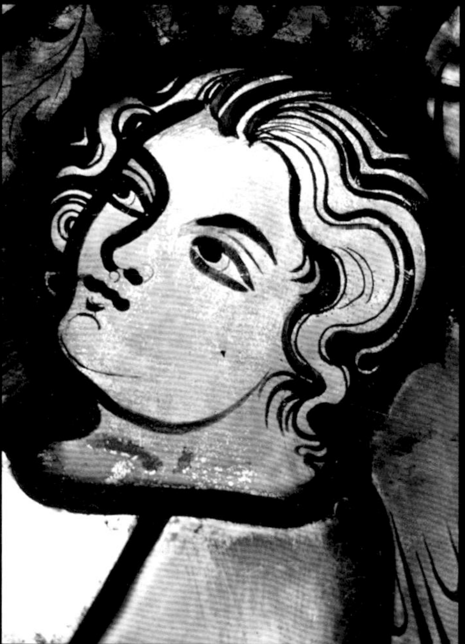

Die Zweitverglasung des Chores am Ende des 14. Jahrhunderts

Wenigstens drei der insgesamt elf Chorfenster erhielten ihre figürliche Farbverglasung – mutmaßlich als Ersatz für eine vorhandene Ornamentverglasung aus der Zeit der Chorvollendung um 1350 – erst gegen Ende des 14. Jahrhunderts.
Für welchen Standort im Chor die drei Fenster der Sieben Freuden Mariä, der Verehrung der Eucharistie und der Verkündigung an Maria jeweils bestimmt gewesen waren, ist nicht mehr zu klären. Am heutigen Platz, zusammengeführt in den beiden Chorflankenfenstern nord II und süd II, kann ursprünglich jedenfalls keine der drei monumentalen Kompositionen gesessen haben, denn an dieser Stelle ist mit einem oder zwei Apostel-(Heiligen?)-Fenster(n) der Erstverglasung zu rechnen, deren spärliche Überreste sich bis heute in den Chorfenstern I und süd II erhalten haben (Abb. S. 20f.). Zu Fragen der Motivation und Funktion der Neustiftungen siehe oben S. 6–9.

2 Chorfenster nord II, 1–5a–c: Verkündigungsfenster

Stifter unbekannt.
Nürnberg(?), um 1390/1400.

Die auf insgesamt fünfzehn Felder in fünf Zeilen übergreifende, mehr statisch als szenisch aufgebaute und architektonisch überhöhte Bildkomposition der Verkündigung zeigt im Hauptgeschoss die zentralen Standfiguren der Jungfrau Maria und des Erzengels Gabriel, zur Rechten begleitet durch einen bärtigen Heiligen mit Stock – vermutlich Christi künftiger Nährvater Joseph. Gabriel entbietet Maria den Engelsgruß als aufgeschlagene Doppelseite im Buch des Evangeliums: · *ave mar/ia · grac/ia p/lena / domi/nus / tecum* (Lukas 1,28). Maria erwidert den Gruß durch die erhobene Rechte und empfängt die Verheißung mit seitlich geneigtem Kopf. Ihre Erwiderung wird im Bild wieder durch ein aufgeschlagenes Buch in der Emporenzone darüber vom Evangelisten Lukas selbst präsentiert: *ecce / ancil/la · / domi/ni, fi/at · / mich/i · mi/chi · secund(um) [verbum tuum]* (Lukas 1,38).

Zu den beigeordneten Motiven theologischer Interpretation zählt im Mittelgeschoss gegenüber Lukas auch die Halbfigur Gottvaters, der – dem Evangelientext folgend – den Hl. Geist in Gestalt einer Taube auf Maria herabsendet. Die „Beschattung" der Jungfrau durch die Kraft des Höchsten als

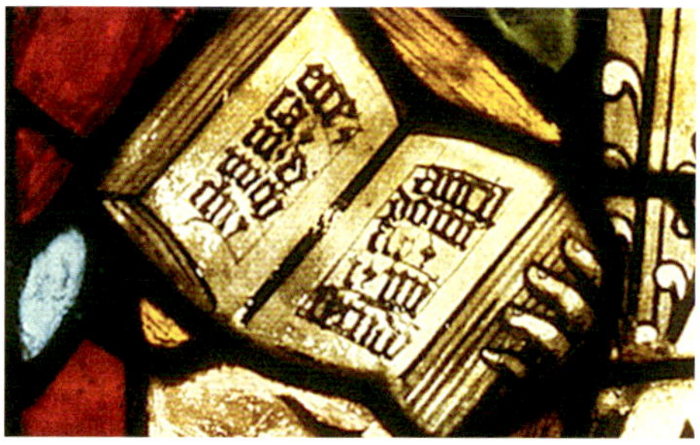

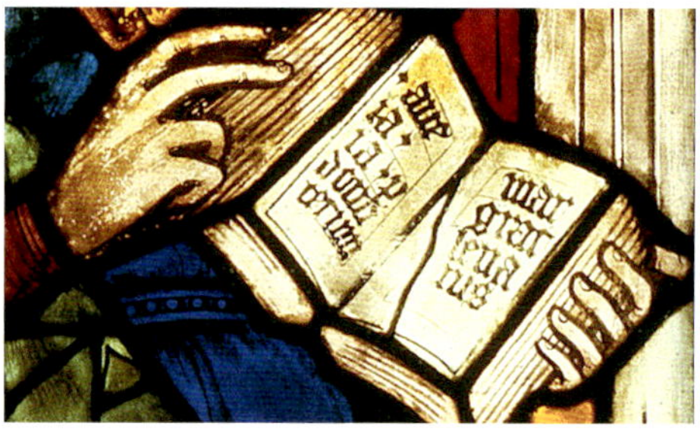

Conceptio per aurem (Empfängnis durch das Ohr) oder die Fleischwerdung des Wortes (Johannes 1,14) ist hier versinnbildlicht durch die Posaune, die vom Mund Gottvaters ausgeht[32]. Auf die dogmatische Verknüpfung der Inkarnation mit Sündenfall und Erlösung des Menschen verweist schließlich die seit etwa 1300 im Zuge franziskanischer Frömmigkeit und Theologie verbreitete Einfügung des Gotteskindes, das gemeinsam mit der Taube des Hl. Geistes herabschwebt und bereits das Kreuz seines künftigen Opfertodes geschultert hat[33]. Bemerkenswert an der aufwendig konstruierten hochgotischen Rahmenarchitektur sind insbesondere die goldschmiedeartig feinen Maßwerkfigurationen der zahlreichen Wimperggiebel und die große

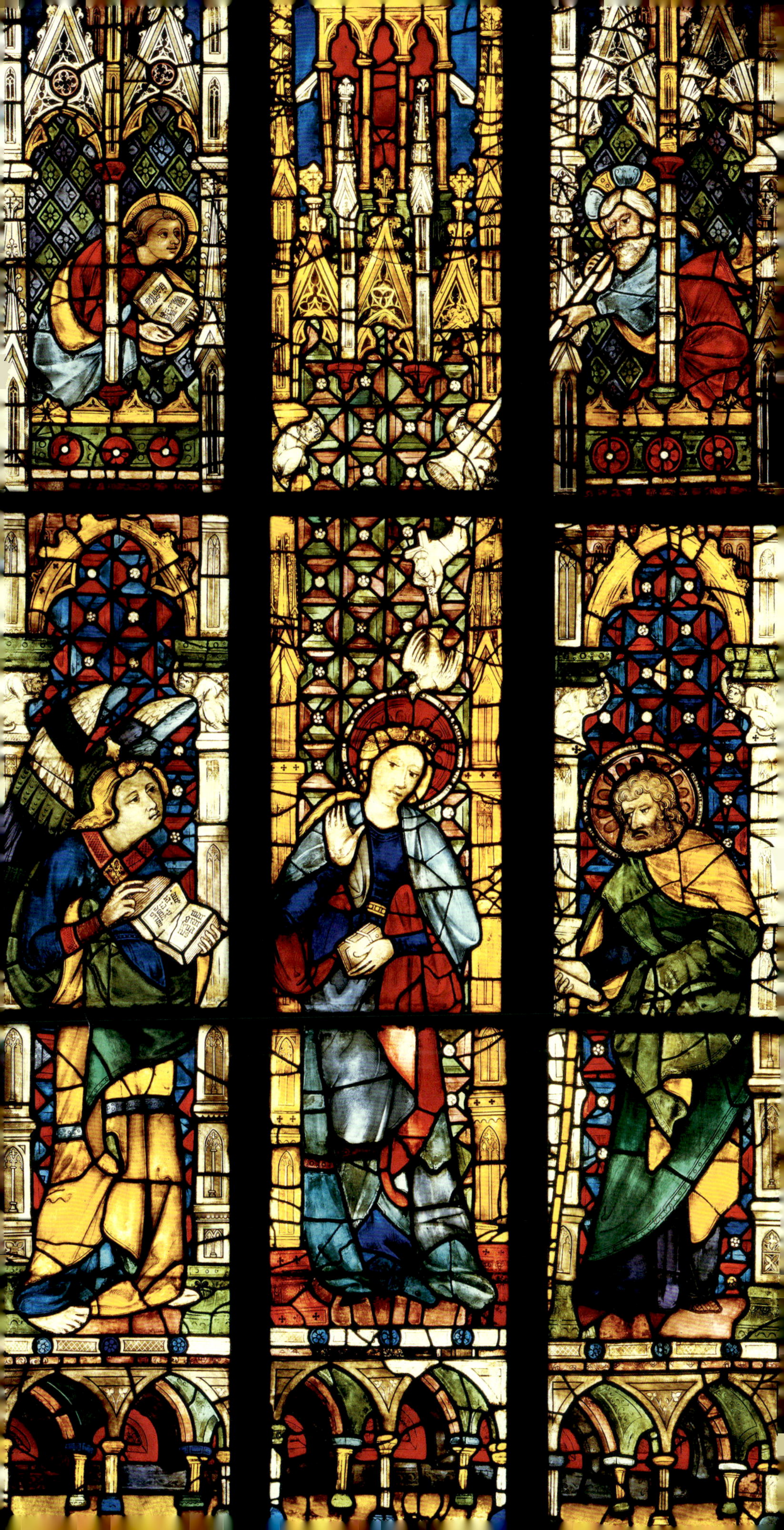

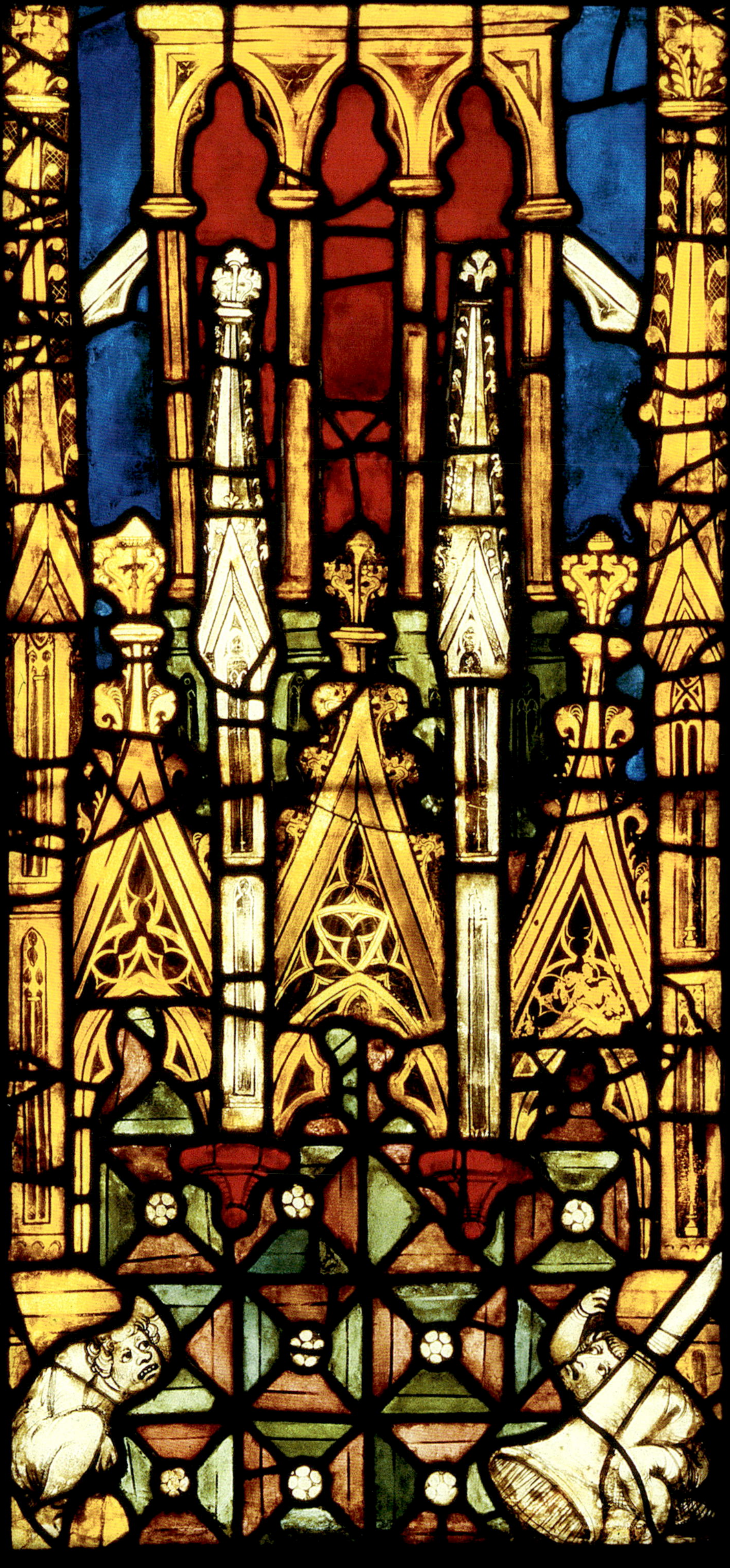

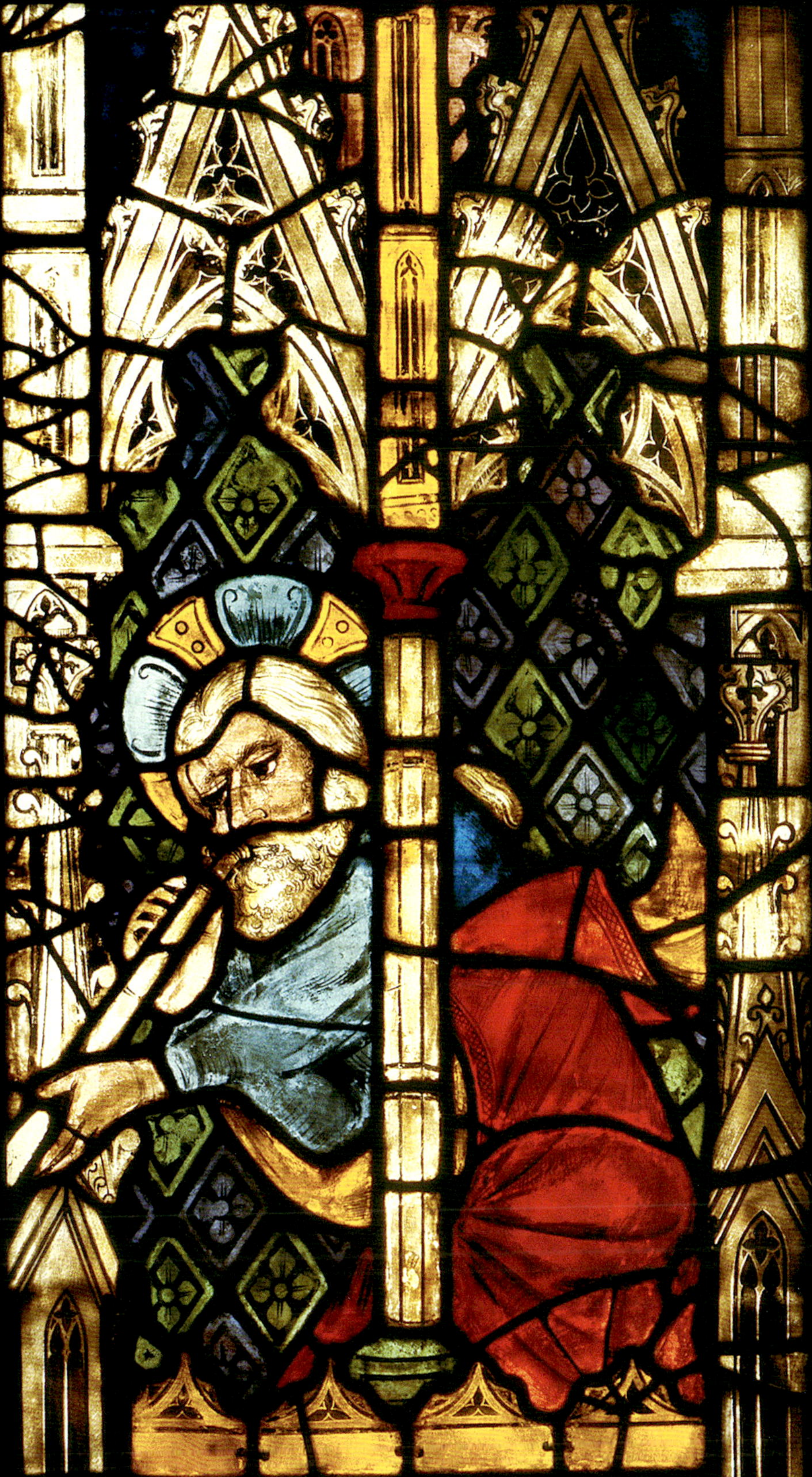

Die retrospektiv anmutende Bildarchitektur des Verkündigungsfensters geht in ihrem Vokabular und der orthogonalen Projektion auf Vorbilder aus der ersten Hälfte des 14. Jahrhunderts zurück und vermeidet auf den ersten Blick jede Verräumlichung der Einzelmotive. Gleichwohl erkennt man bei näherem Hinsehen das Bestreben des Glasmalers, Räumlichkeit durch mehrere hintereinander geschichtete Ebenen zu erzeugen: Dies ist am deutlichsten bei Gottvater zu sehen, der, hinter einer Brüstung samt Mittelpfosten platziert, mit der Posaune die seitlichen Stützen der benachbarten Tabernakel überschneidet und damit suggeriert, dass die Baldachine in Wahrheit vorkragend vorzustellen sind.

Zahl trefflich charakterisierter Konsolfigürchen. In den Bogenzwickeln der fünften Zeile wohnen Engel dem Ereignis bei (siehe Abb. S. 10).

Sowohl die Gesamterscheinung als auch der motivische Apparat der übergreifenden Bildarchitekturen weisen – ungeachtet der offenkundigen Werkstattzusammenhänge – unübersehbare Unterschiede gegenüber dem Eucharistiefenster auf. So erscheinen die in strenger Orthogonalprojektion aufgerissenen Tabernakel im Verkündigungsfenster ohne jeglichen Ansatz von Verräumlichung für ihre Entstehungszeit im letzten Jahrhundertviertel extrem altertümlich. Die besten Vergleiche hierfür sind in den 1330/40er-Jahren zu finden: in der Chorverglasung von Königsfelden, in der Katharinenkapelle des Straßburger Münsters, in den Restscheiben der Dominikanerkiche ebenda, in einzelnen Langhausfenstern des Freiburger Münsters oder in der figürlichen Neuverglasung der Chorkapellen des Kölner Doms[34]. Allen genannten Beispielen eignet der gleiche plakative Farbwechsel vorherrschend weißer und gelber Architekturglieder mit untergeordneten farbigen Akzenten in den Wimpergen, Turmhelmen und Mauerbrüstungen, gemusterten oder ungemusterten, stark farbigen Hintergründen. Auch die filigranen Maßwerkfigurationen in den Wimperggiebeln gehen in ihren Einzelformen nicht über das vor Mitte des 14. Jahrhunderts geläufige Repertoire hinaus (Abb. S. 28f.). Lediglich die niedrige Sockelzone mit den in die Tiefe gestaffelten Kellergewölben und

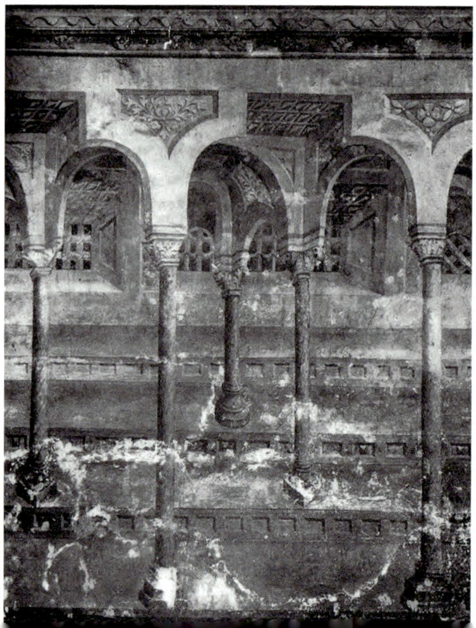

der fluchtenden Standfläche darüber sind dem Fundus der zweiten Jahrhunderthälfte entlehnt und und gehen auf Vorbilder in der böhmischen Malerei zurück[35].

3 Chorfenster nord II, 6–15a–c: Freuden-Marien-Fenster

Stifter unbekannt (Heinrich Toppler?). Nürnberg(?), um 1390/1400.

Das Freuden-Marien-Fenster ist in fünf szenischen Großmedaillons dem freudenreichen Rosenkranz gewidmet. Die aus der Hymnenliteratur des 14. Jahrhunderts entlehnte Auswahl der freudenreichen Ereignisse war um 1400 noch erheblichen Schwankungen unterworfen. Zunächst galten üblicherweise die Verkündigung, Christi Geburt, die Anbetung der Könige, Christi Auferstehung und Himmelfahrt als ausgewählte Freuden Mariens. Später wurden Tod und Krönung Mariä bevorzugt verehrt, dafür Anbetung, Auferstehung oder Himmelfahrt ersetzt bzw. die Anzahl von zunächst fünf auf sieben Freuden erweitert, wobei noch die Heimsuchung, die Darbringung im Tempel, das Wiederauffinden des Zwölfjährigen und die Ausgießung des Hl. Geistes in die engere Wahl genommen werden konnten[36]. In Rothenburg folgen in fünf völlig gleichartig gestalteten, jeweils sechs Felder beanspruchenden Medaillons übereinander, von der sechsten Zeile aufwärts, die Anbetung der Könige, die Auferstehung Christi, die Himmelfahrt Christi, die Ausgießung des Hl. Geistes und der Marientod (zugleich Aufnahme Marias in den Himmel).

Scheidet man die in sich geschlossene Komposition der Verkündigung im unteren Fensterdrittel als Fremdbestand des Freuden-Marien-Fensters aus, dann gewinnt man Platz genug, um für die Rekonstruktion des ursprünglichen Zustands die Anzahl der Szenen von fünf auf sieben zu ergänzen, wobei die erste Zeile – wie im Achsenfenster und im Eucharistiefenster – für den Stifter und dessen Wappen vorbehalten bliebe.

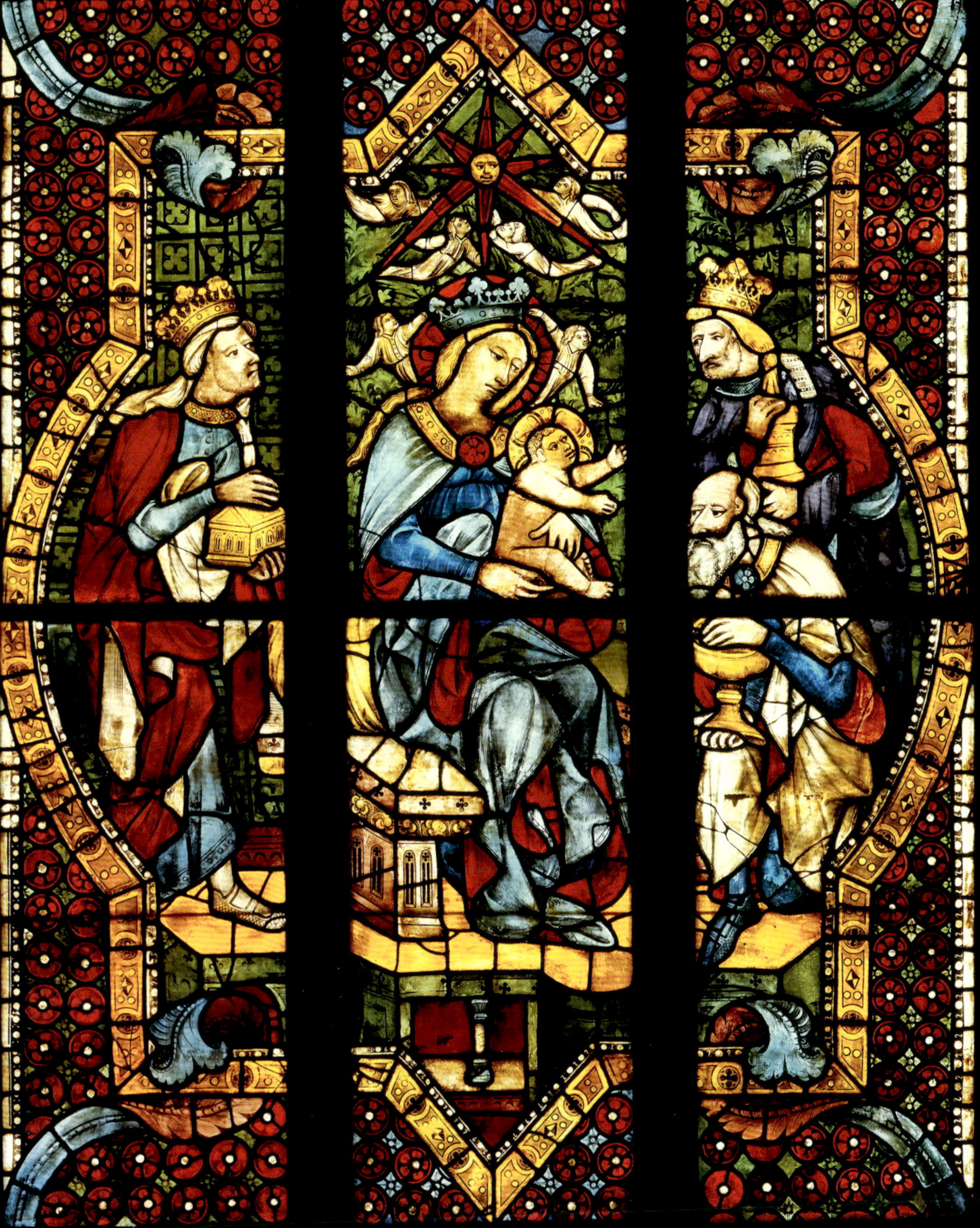

Im Unterschied zur Mehrzahl spätmittelalterlicher Darstellungen der Epiphanie zeigt das Rothenburger Dreikönigsbild eine zentrierte Komposition mit der thronenden Muttergottes inmitten der drei Könige (6/7a–c). Abgesehen vom Motiv der knienden Huldigung beim ältesten König, das freilich schon in früher Zeit zum festen Kanon der Darstellung gehört, fehlt in Rothenburg noch jene innigere Beziehung zwischen den Figuren, die im Zuge franziskanischer Frömmigkeit mehr und mehr zur Darstellung gelangte. Die Geschenke Gold, Weihrauch und Myrrhe werden, wie seit dem 13. Jahrhundert üblich, in Gefäßen präsentiert, deren Gestalt den liturgischen Geräten Kelch, Pyxis und Reliquienkästchen nachgebildet sind. Der Stern, der dem Evangelientext (Matthäus 2,1–12) zufolge die Magier aus dem Morgenlande nach Bethlehem geführt hat, erscheint über dem Haupt Marias und wird von schwebenden Engeln getragen.
Kurios ist der gewiss versehentlich erfolgte Wechsel im Hintergrundornament der Szene, das in der Mitte und rechts als Ranken-, links dagegen als Würfelgrund erscheint.

<< In den um 1360 entstandenen Wandmalereien der Marienkapelle auf Burg Karlštejn bei Prag dürfte letztlich das Vorbild für die verräumlichten Substruktionen des Verkündigungsfensters zu suchen sein (vgl. Abb. S. 27).

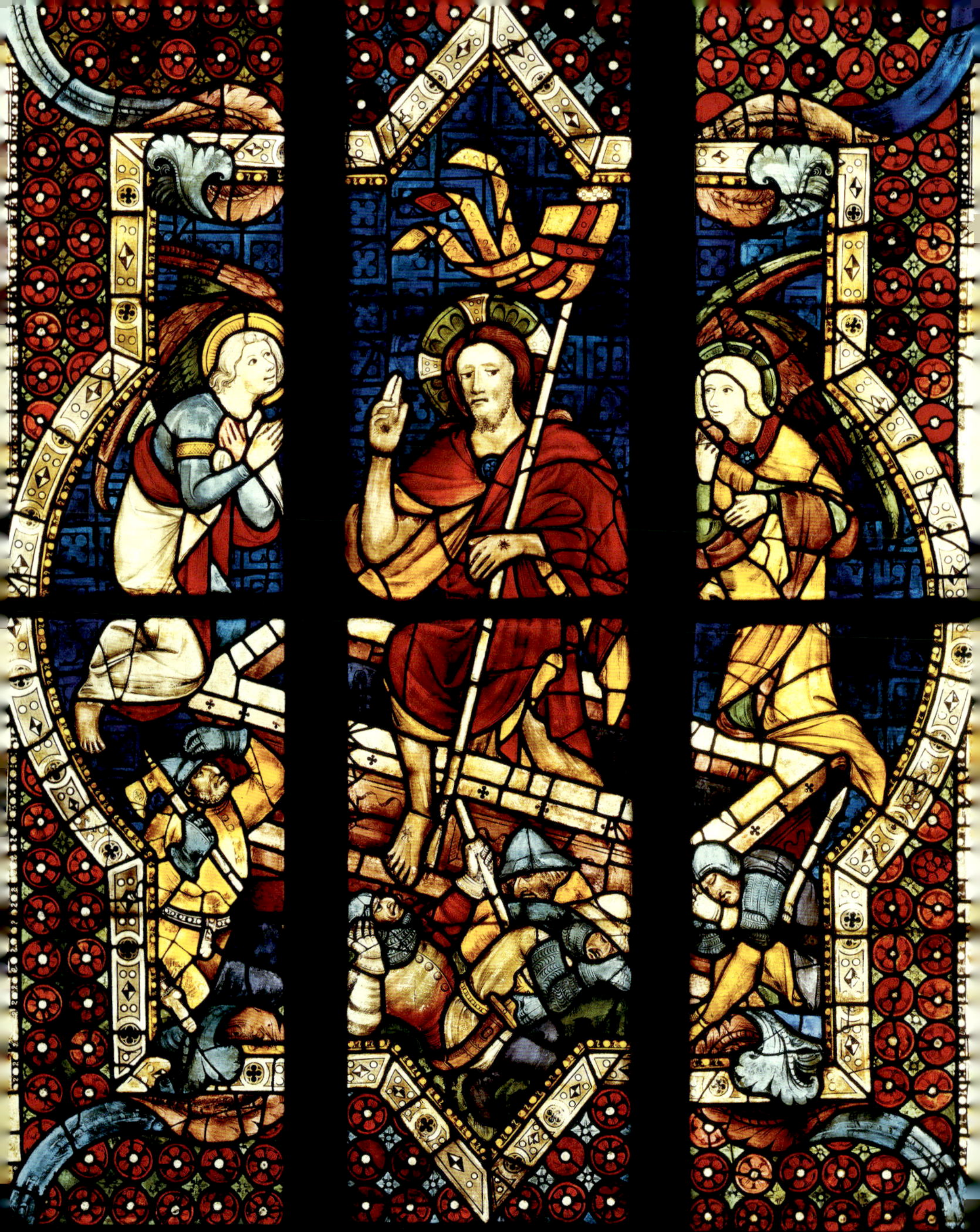

Die Darstellung der Auferstehung Christi folgt der seit dem 11. Jahrhundert verbreiteten Bildtradition vom Aufstieg aus dem offenen Sarkophag, umgeben von schlafenden bzw. erstaunt aufblickenden Wächtern und flankiert von zwei adorierenden Engeln (8/9a–c). Gemessen am nächstverwandten Vorbild in der Glasmalerei – dem gleichfalls auf sechs Scheiben ausgedehnten Großmedaillon mit der Auferstehung Christi aus dem Chorachsenfenster der ehemaligen Regensburger Minoritenkirche (Abb. S. 22) –, ist bei gleicher personeller Besetzung der bemerkenswerte Unterschied festzuhalten, dass in Rothenburg zwei der Wächter das Ereignis offenbar sehenden Auges mitverfolgen.
Dies widerspricht streng genommen der Vorstellung, dass kein Lebender Zeuge der Auferstehung Christi gewesen sei, doch das Motiv der erschrocken aufblickenden Wächter ist im Bericht des Matthäus-Evangeliums von der Botschaft des Engels am Ostermorgen bereits angelegt und später im apokryphen Nikodemus-Evangelium weiter ausgeführt: „Plötzlich entstand ein gewaltiges Erdbeben; denn ein Engel des Herrn kam vom Himmel herab, trat an das Grab, wälzte den Stein weg und setzte sich darauf. Seine Gestalt leuchtete wie ein Blitz, und sein Gewand war weiß wie Schnee. Die Wächter begannen vor Angst zu zittern und fielen wie tot zu Boden. Der Engel aber sagte zu den Frauen [die in aller Frühe zum Grab gekommen waren]: ‚Fürchtet euch nicht! Ich weiß ihr sucht Jesus den Gekreuzigten. Er ist nicht hier; denn er wurde auferweckt, wie er gesagt hat'" (Matthäus 28,2–6).

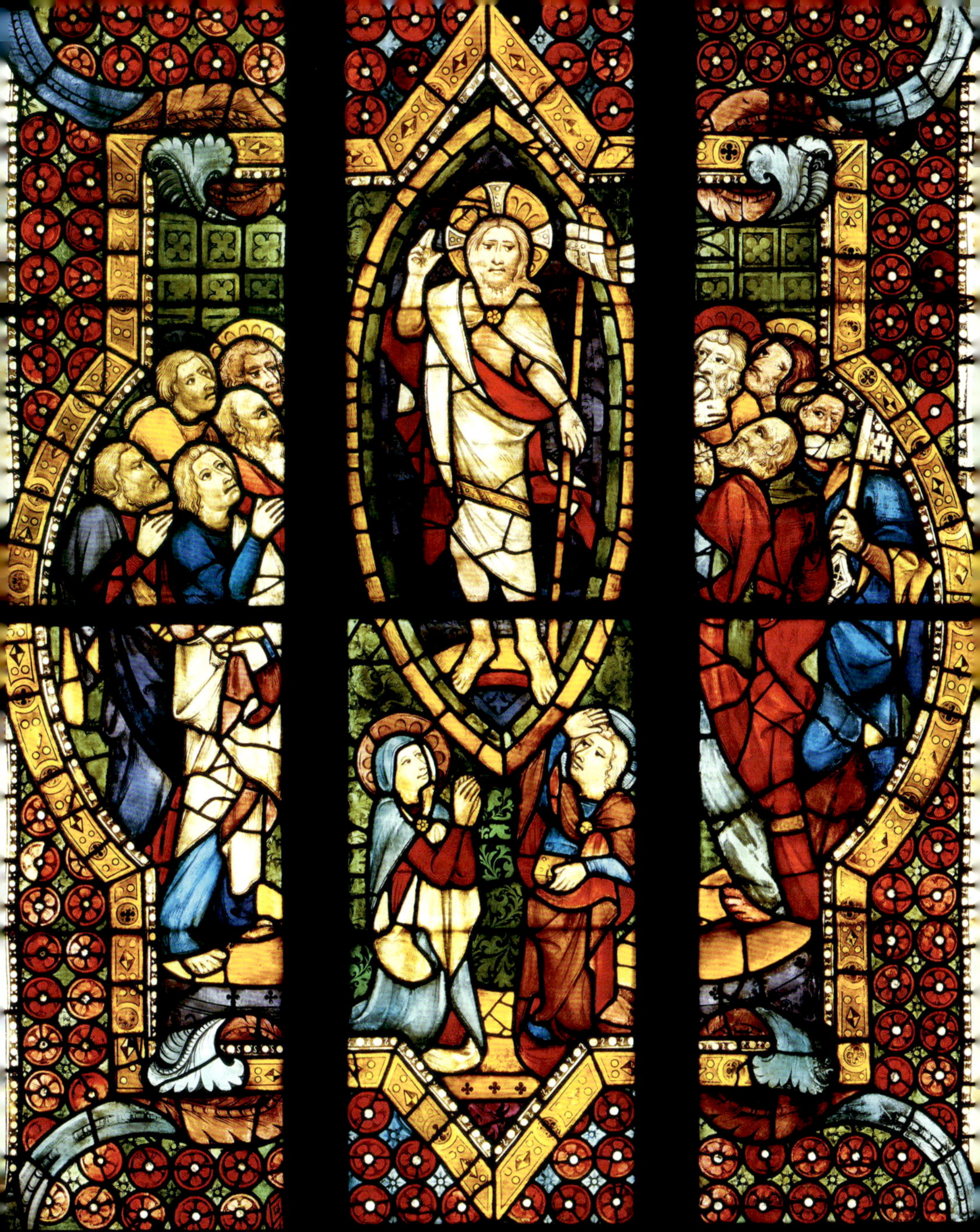

Die Himmelfahrt Christi geschieht dem Text der Apostelgeschichte 1,9–12 zufolge vierzig Tage nach der Auferstehung im Kreise der Apostel wiederum auf dem Ölberg (10/11a–c). Die Entrückung Christi wird im Freuden-Marien-Fenster – wie in anderen Bildbeispielen der Zeit – durch die umgebende Mandorla angedeutet, das Enthobensein zusätzlich durch die beiden unter der Glorie Knienden (Maria und Johannes) unterstrichen.
Unter den anwesenden zehn Aposteln ist nur der Hl. Petrus durch den Schlüssel eigens gekenngezeichnet und bemerkenswerterweise auch durch seine demonstrative Wendung aus dem Bild heraus vom eigentlichen Geschehen ab- und dem Betrachter zugewandt.
Dies mag als Anspielung auf den Auftrag der Jünger gelesen werden, das Evangelium in aller Welt zu verkünden. Doch Petrus allein wird wiederholt eine Sonderrolle in der Nachfolge Christi zugewiesen. Bei der Berufung der ersten Jünger ruft Jesus zu Petrus und dessen Bruder Andreas: „Folgt mir nach und ich werde euch zu Menschenfischern machen" (Matthäus 4,19). Nach dem Messiasbekenntnis des Petrus gibt Jesus ihm zur Antwort: „Du bist Petrus, und auf diesen Felsen werde ich meine Kirche bauen […]. Ich werde Dir die Schlüssel des Himmelreichs geben; was du auf Erden binden wirst, das wird auch im Himmel gebunden sein, und was du auf Erden lösen wirst, das wird auch im Himmel gelöst sein" (Matthäus 16,17–19). Und am Ende des Johannes-Evangeliums überträgt Jesus Petrus das Hirtenamt mit den Worten: „Weide meine Lämmer, weide meine Schafe" (Johannes 21,15–17).

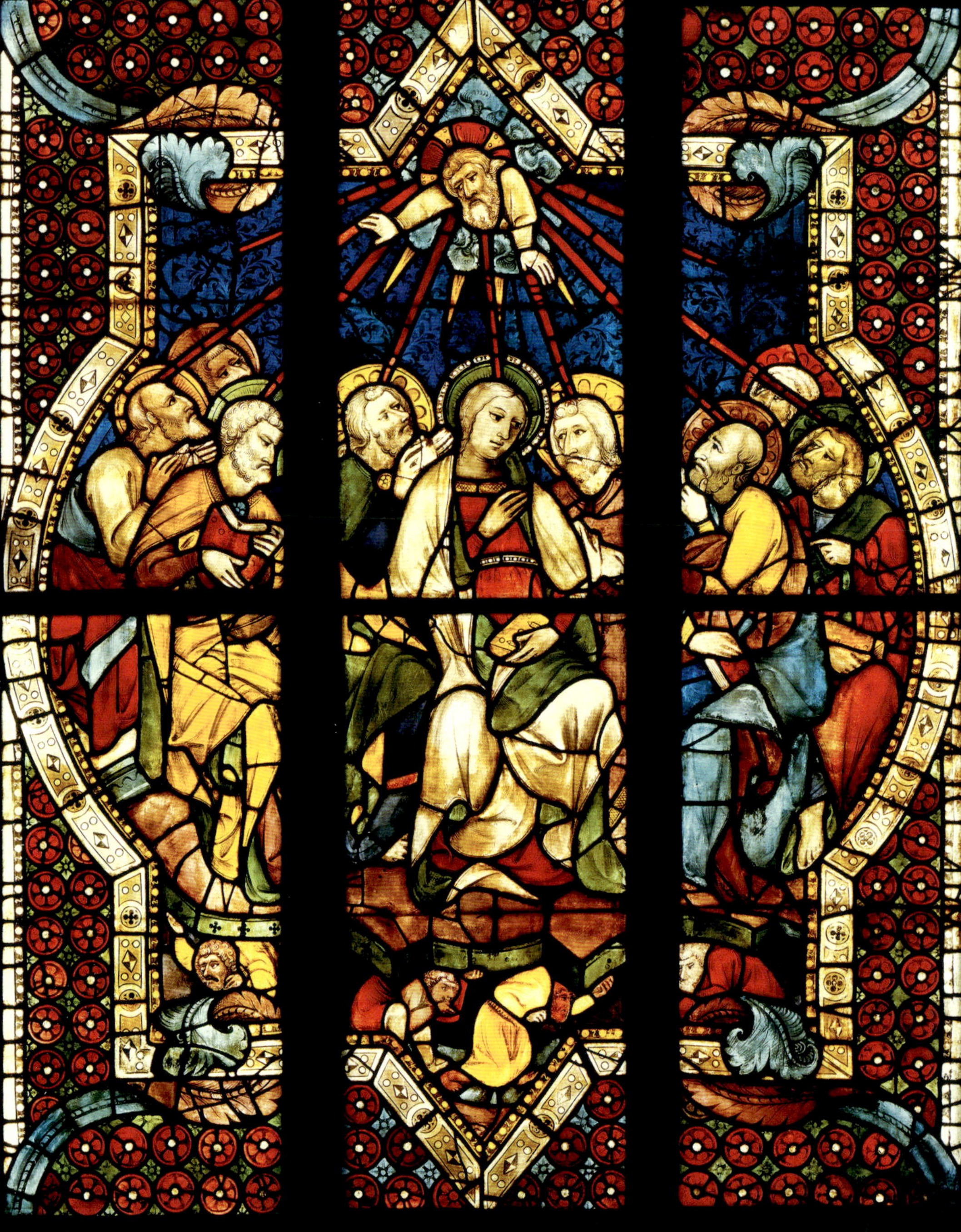

Das Rothenburger Pfingstbild zeigt Maria im Kreis von nur acht Aposteln auf einem von vier kleinen Atlantenfigürchen getragenen Podest (12/13a–c). Die Feuerzungen des Heiligen Geistes, von denen die Apostelgeschichte erzählt (Apg 2,3), kommen in Gestalt roter Strahlen aus einem Wolkenkranz auf die Häupter der Versammelten herab. Im Zentrum der Strahlen erscheint aber nicht, wie gewöhnlich, die Geist-Taube, sondern die Büste Gottvaters, dessen ausgebreitete Arme die Geist-Sendung demonstrativ in Szene setzen.

Ein bemerkenswertes Detail sind die beiden roten Strahlen, die im Nichts des blauen Rankengrundes verschwinden und folglich keinen Adressaten finden. Möglicherweise wurde hier ein bereits andernorts verwendeter Entwurf nochmals herangezogen, der wie üblich alle zwölf Apostel der Urgemeinde berücksichtigt hatte. Im beengten Rahmen des Rothenburger Medaillons hätte der Glasmaler dann einfach auf vier Figuren im seitlichen Hintergrund verzichtet, wohl wissend, dass die Darstellung von der Gemeinde auch so mit Sicherheit verstanden wurde.

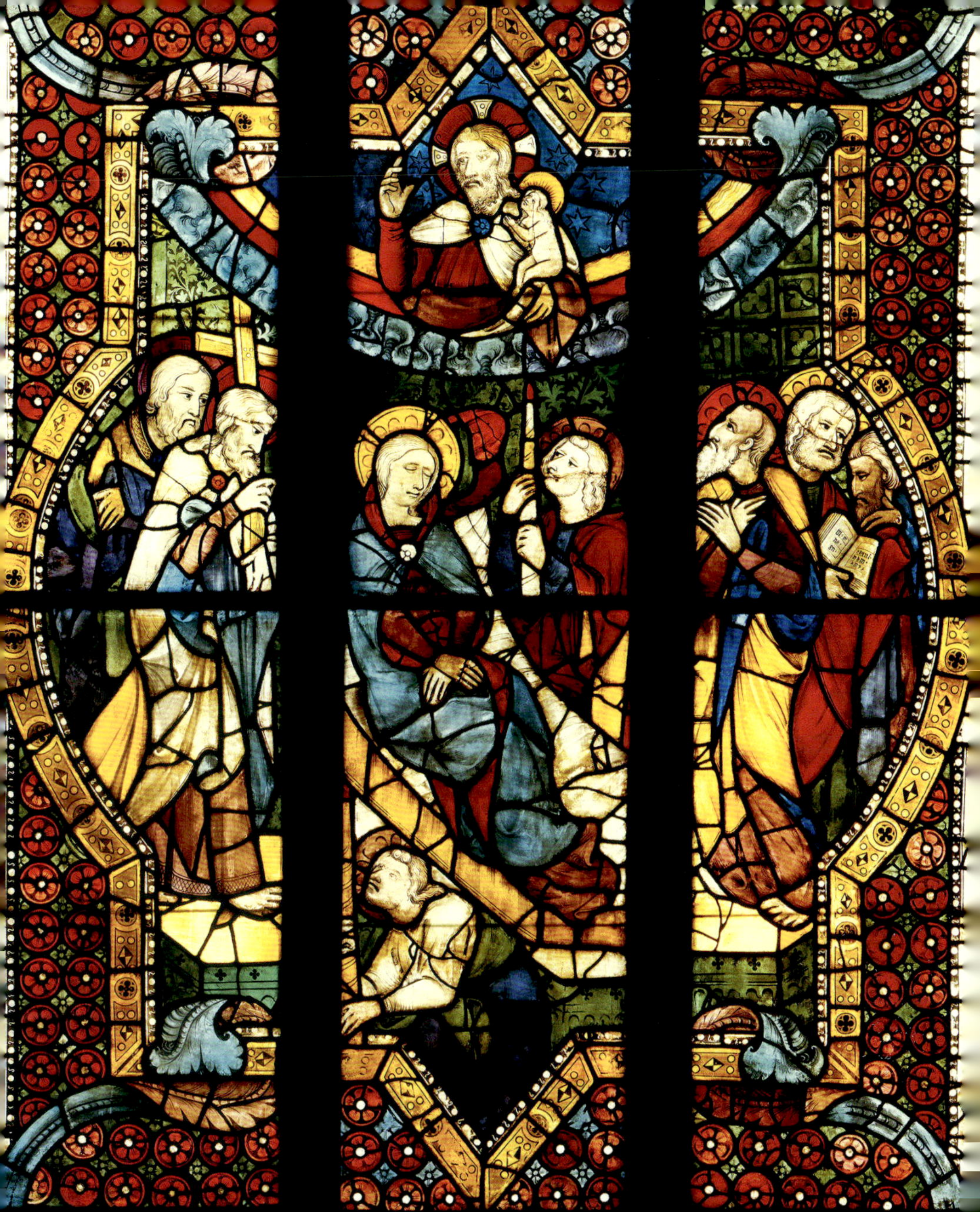

Die jetzige (und wohl auch ursprüngliche?) Abschluss-Szene des Freuden-Marien-Fensters zeigt Maria im Kreis der Apostel auf dem Totenlager (14/15a–c). Oberhalb der schräggestellten Bettstatt schwebt, gesäumt durch ein Wolkenband, die Halbfigur Christi, der die Seele Marias in Gestalt einer kleinen nackten Figur zu sich nimmt. Das aufgeschlagene Buch des äußer-sten rechten Apostels, das Kreuz am Kopfende des Sterbelagers und die entzündeten Kerzen unterstreichen die Feier des Toten-Offiziums.

Konkrete Vorstellungen über Tod und Himmelfahrt Marias gehen ausnahmslos auf apokryphe Schriften wie der unter dem Pseudonym des Apostels Johannes bekannte „Liber de dormitione sanctae Deiparae“ (Buch vom Entschlafen der heiligen Gottesgebärerin) zurück, die über verschiedenste Textredaktionen, Legendensammlungen – hier vorzugsweise die „Legenda aurea“ des Jacobus de Voragine – und Predigten zum Fest der Dormitio (später Assumptio Beatae Mariae Virginis) Verbreitung fanden[37]

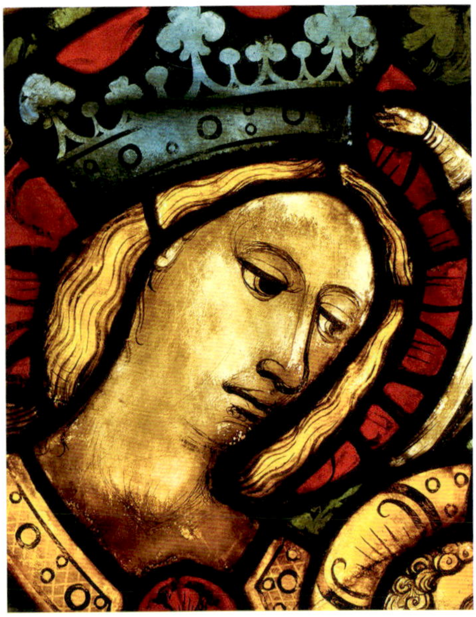

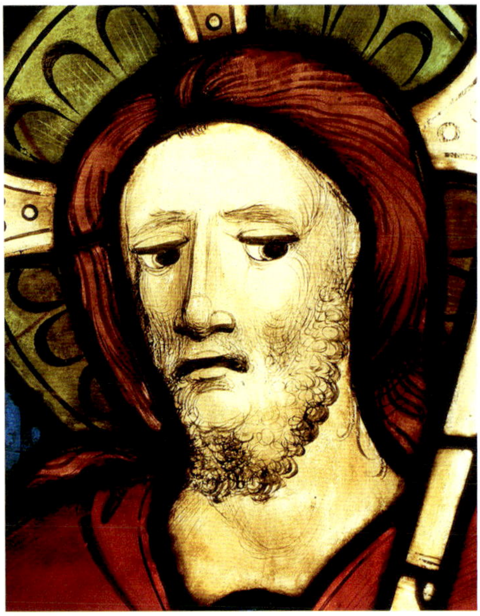

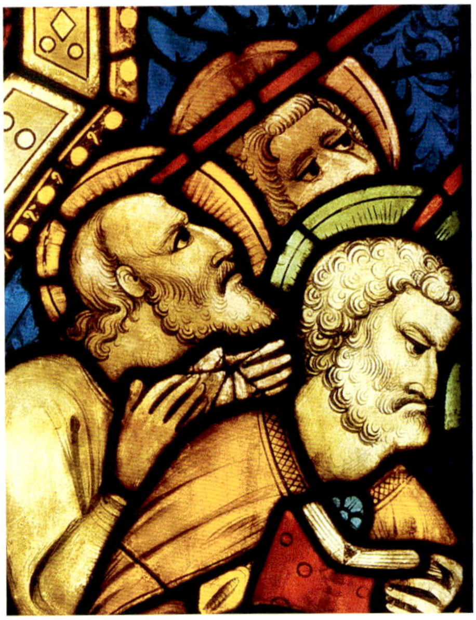

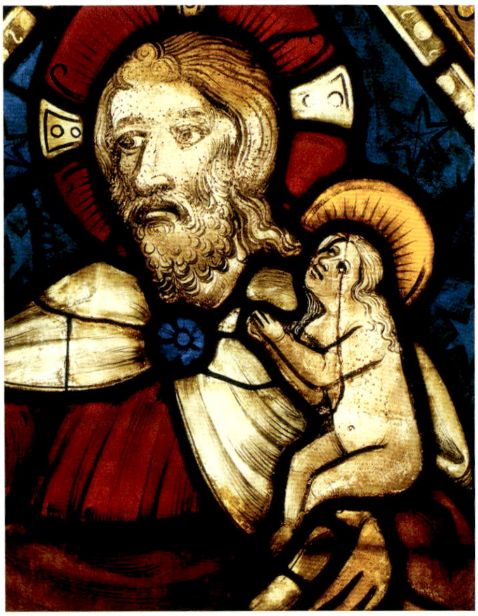

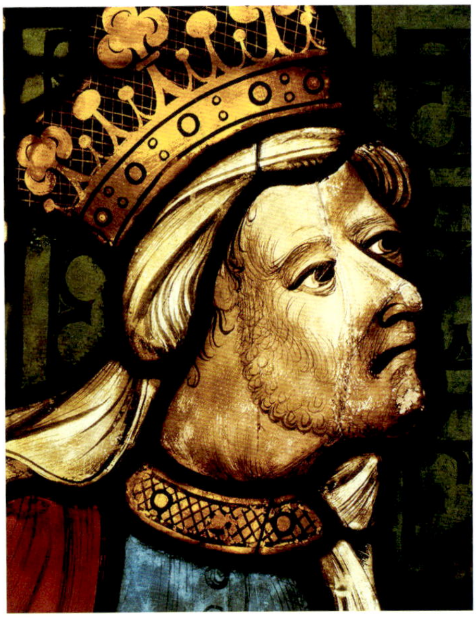

Die einzigartig virtuose, spontan skizzenhafte Handschrift des Hauptmeisters der jüngeren Chorfenster verrät einen Zeichner von so hohen Graden und so ausgeprägter Individualität, dass man ihn nur zu gern der Anonymität entreißen und mit einer historisch fassbaren Person verbinden möchte.

Vorausgesetzt, die Lokalisierung der Werkstatt nach Nürnberg trifft zu, dann hat man im letzten Drittel des 14. und zu Beginn des 15. Jahrhunderts die Auswahl unter nahezu 20 Meistern des Fachs. Allein mit keinem der namentlich genannten Glas(mal)er dieser Zeit in den Nürnberger Bürgerbüchern, Meister- und Steuerlisten, lässt sich auch nur ein einziges Werk der überreichen reichsstädtischen Produktion sicher verbinden. Dies gilt leider auch für den 1392 in den Losungslisten der Sebalder Stadtseite verzeichneten „Hanns von Rotenburg“.

Was die Thematik der beiden fehlenden Medaillons betrifft, wird man sich – neben der auf S. 6f. bereits erwähnten Hervorhebung bestimmter Marienfeste in den für St. Jakob gewährten Ablässen der zweiten Hälfte des 14. Jahrhunderts – auf die Hymnenliteratur der Zeit stützen dürfen, die auffällige Übereinstimmungen mit den erhaltenen Rothenburger Themen offenbaren: Zwei Marienlieder des Jahres 1351 aus Regensburg vertreten dieselbe Auswahl, zuzüglich heute in Rothenburg verlorener Themen: „De septem Gaudiis BMV: 1. Gaudes conceptu deico (Verkündigung); 2. Gaudes partu sacrato (Geburt Christi); 3. Gaudes adventu magico (Anbetung der Könige); 4. Gaudes resuscitato (Auferstehung); 5. Gaudes Iesu levato (Himmelfahrt); 6. Gaudes igne mirifico Apostolis donato (Pfingsten); 7. Gaudes ascensu coelico. Perfecte iuncta nato Pro nobis supplicat (Tod und Himmelfahrt Marias)"[38].
Demgemäß wären im Rothenburger Fenster die beiden ersten Freuden – Verkündigung und Geburt Christi – zu ergänzen, was mit Einschränkung auf die Geburt Christi durch die beigezogenen Ablassformeln von 1356, 1391 und 1411/12 bestätigt wird.

Im Großmedaillonfenster mit den Freuden Mariens sind Aufbau und Ornamentik durch die Konzentration auf ein Minimum wiederkehrender Bildelemente bestimmt: So ist die Einheitlichkeit im durchlaufenden Teppichgrund ebenso gewahrt wie in der unveränderten Wiederholung ein und derselben Rahmenform bei den Medaillons, die lediglich durch den rhythmischen Farbwechsel von Gelb und Weiß unterschieden werden. Der gesamte ornamentale Apparat weist indessen so exakt auf das drei bis vier Jahrzehnte frühere Passionsfenster der Regensburger Minoritenkirche zurück, dass hier zweifellos eine der Wurzeln für die jüngere Rothenburger Fenstergruppe zu vermuten ist: Der Teppichgrund zeigt die gleichen weiß besamten, roten Blütenrosetten mit grünen und blauen Kreuzblättern in Gestalt von Hornaffen wie in Regensburg; auch die ornamentale Gestaltung der Medaillonrahmen ist als Fortentwicklung des in Regensburg vorgebildeten Wechsels von Prismen, Perlen und Rosetten zu betrachten. In den Hintergründen der szenischen Großmedaillons wechseln dagegen grüne und blaue, für das Ende des 14. Jahrhunderts typische Würfelgründe unorthodox und z.T. im selben Medaillon mit üppigen Ranken.

4 Chorfenster süd II, 2–15a–c: Eucharistiefenster

Stifter unbekannt.
Nürnberg(?), um 1390/1400.

Das an Position Chor süd II befindliche Fenster nimmt mit seiner außergewöhnlichen Ikonografie unmittelbar Bezug auf die Verehrung der bereits seit dem 13. Jahrhundert aufbewahrten Heilig-Blut-Reliquie – einer Korporal-Reliquie, bestehend aus einigen Tropfen Messwein, die bei der Wandlung versehentlich verschüttet worden waren und sich Berichten zufolge in Blutstropfen verwandelt hatten. Abgesehen von der Maßwerkverglasung und der ersten Zeile mit den beiden älteren Apostelscheiben (Abb. S. 20) sowie einzelnen bereits im 19. Jahrhundert komplett erneuerten Feldern ist das Fenster weitgehend intakt. Es zeigt in mehreren Geschossen übereinander getürmte, kompliziert verschachtelte Architekturräume, wie sie vor allem in der süddeutschen Glasmalerei des ausgehenden 14. Jahrhunderts geläufig waren. Das ausgesuchte Bildprogramm des Eucharistiefensters beruht, wie Detlef Knipping nachgewiesen hat, auf zeitgenössischen liturgischen und theologischen Texten „mit durchweg niederem bis mittlerem Anspruchsniveau und hohem Verbreitungsgrad": im Wesentlichen Messerklärungen und Eucharistielehren der deutschen Mystiker wie beispielsweise die Messerklärung des Durandus, die Eucharistietraktate des Mönchs von Heilsbronn und Marquards von Lindau sowie Passagen der Totenliturgie[39]:

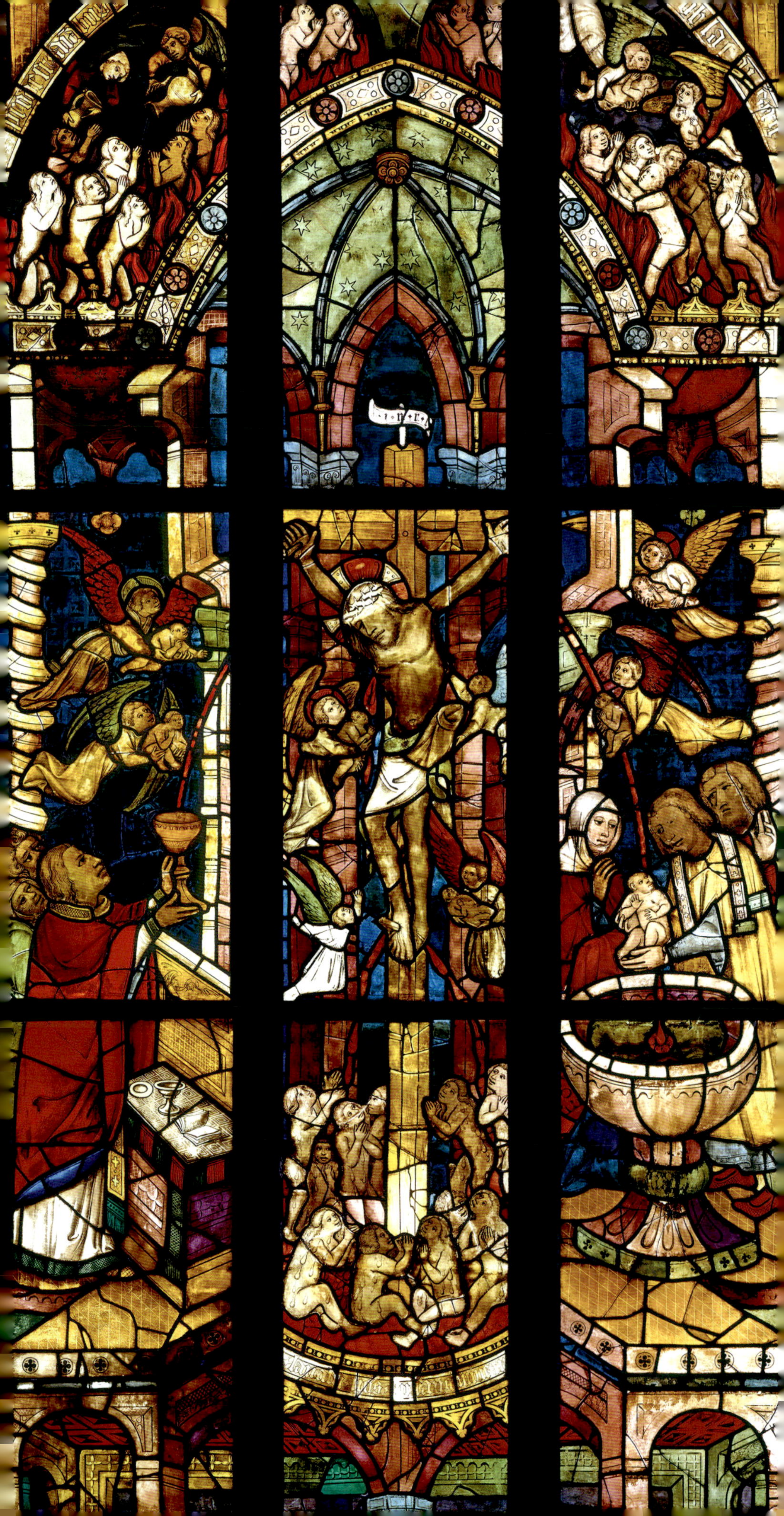

Zentrum und ikonografische Mitte der auf drei Bahnen und drei Zeilen ausgedehnten untersten Bildeinheit des Eucharistiefensters ist die Gestalt Christi am Kreuz als „Fons vitae" oder „Fons pietatis", Sinnbild für die gnadenbringende, von den Sünden der Welt rein waschende und ewiges Leben spendende Wirkung des geopferten Blutes Christi[40]. Das zentrale Motiv wird flankiert vom Bild der Wandlung im Rahmen der Eucharistie (hier der Transsubstantiation von Wein zu Blut im Moment der Kelchelevation) und vom Bild der Taufe: den beiden Sakramenten, die ihre sündenreinigende Kraft aus dem Opfertod Christi beziehen. Grundlegend ist dabei das Motiv des gemeinsamen Ursprungs von Taufe und Eucharistie im Wasser und Blut, das aus der Seitenwunde Christi geflossen war (Johannes 19,34)[41].

Aus den fünf Wunden des Gekreuzigten strömen dicke Blutfontänen, rechts und links aufgefangen im erhobenen Kelch des Priesters bei der Kelchelevation und im großen, gleichfalls kelchförmigen Taufstein bei der Taufzeremonie sowie in der Mitte in dicken Tropfen über die am Fuß des Kreuzes kauernden Seelen vergossen. Andere Seelen Verstorbener werden von schwebenden Engeln in den reinigenden Blutstrahl gehalten, wieder andere, durch das Blut Christi bereits geläuterte Seelen von Engeln in Richtung Abrahams Schoß emporgetragen. Zu den untergeordneten, das Opferthema des Fensters inhaltlich begleitenden Motiven zählt auch das kleine Altarretabel auf Seiten der Messfeier, das (wenngleich durch das Quereisen überschnitten und halb verdeckt) den oberen Teil einer Engelpietà erkennen lässt (Detailabb. oben)[42].

In der oberen Zone des Purgatoriums erweist sich die Heilswirkung der Eucharistie verbunden mit dem Motiv der Fürbitte für die Armenseelen in Gestalt von Engeln, die die Qualen des Fegefeuers durch Krüge mit Wasser lindern oder diese endgültig durch die Aufnahme einzelner Erlöster aus der flehenden Schar beenden[43]. Streng genom-

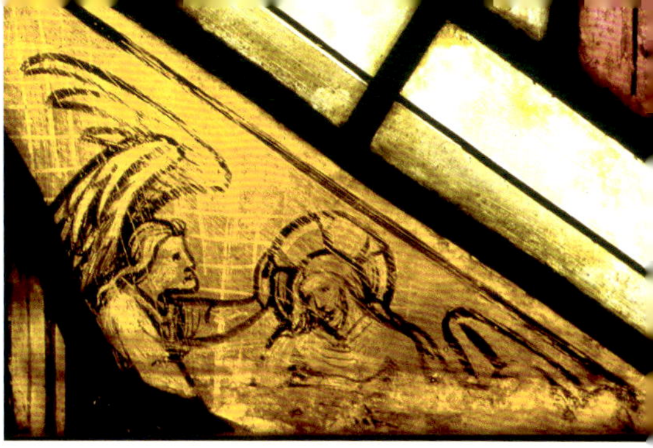

men muss diese schmale Zwischenzone des Purgatoriums bereits auf die Darstellung des darüberstehenden Messopfers mit der Spendung der Hostie bezogen werden. Genau denselben Kontext zeigt jedenfalls schon eine der wenigen früheren Fegefeuer-Darstellungen überhaupt, im Messopferfenster der Florentiuskirche im elsässischen Niederhaslach (um 1360; Abb. unten), wo allerdings – im Unterschied zum Rothenburger Eucharistiefenster – das Bildprogramm noch um die sechs Werke der Barmherzigkeit erweitert wurde[44].

Für das Fons-Pietatis-Motiv des Eucharistiefensters als eines der ersten bekannten Bildbeispiele dieser Art überhaupt wurde – neben wichtigen Vorstufen bei Gregor dem Großen, Bernhard von Clairvaux, Albertus Magnus und Soccus (Konrad von Brundelsheim, 1303–1306 und 1317–1321 Abt des fränkischen Zisterzienserklosters Heilsbronn) – auf Textgrundlagen in der zeitgenössischen theologischen Literatur, insbesondere auf den im 14. Jahrhundert (vor 1323?) verfassten Eucharistietraktat „Buch von den sechs Namen des Fronleichnams" des Mönchs von Heilsbronn verwiesen[45].

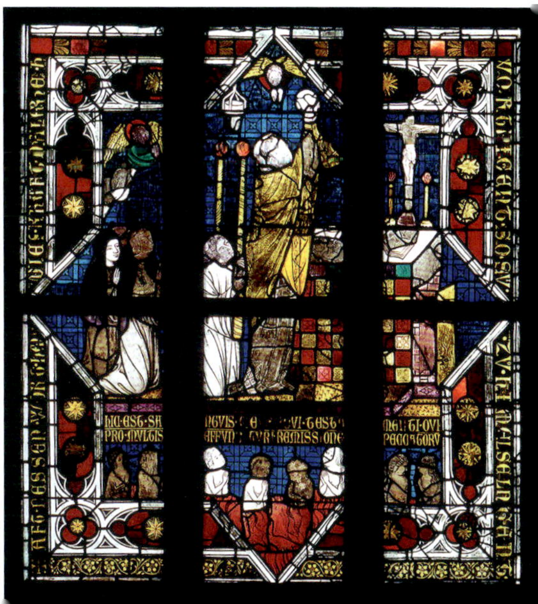

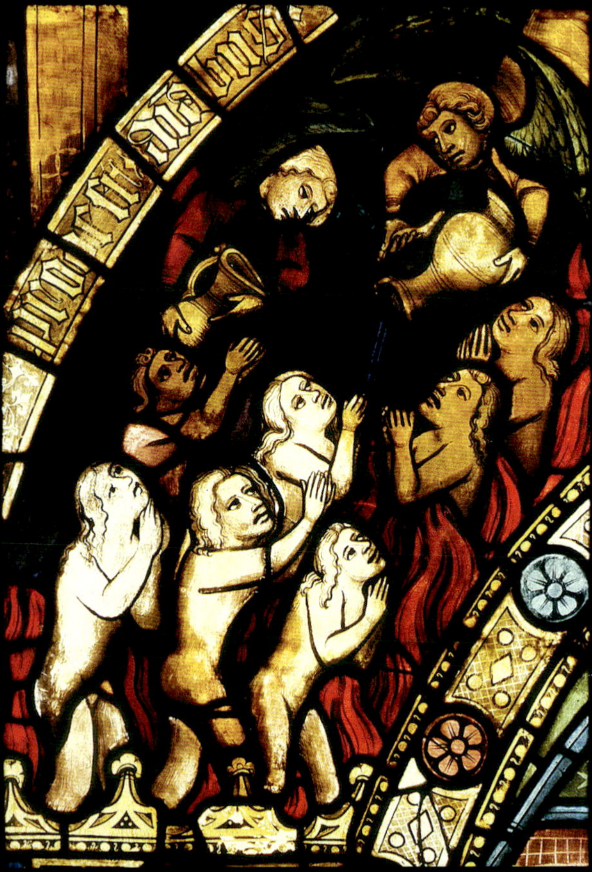

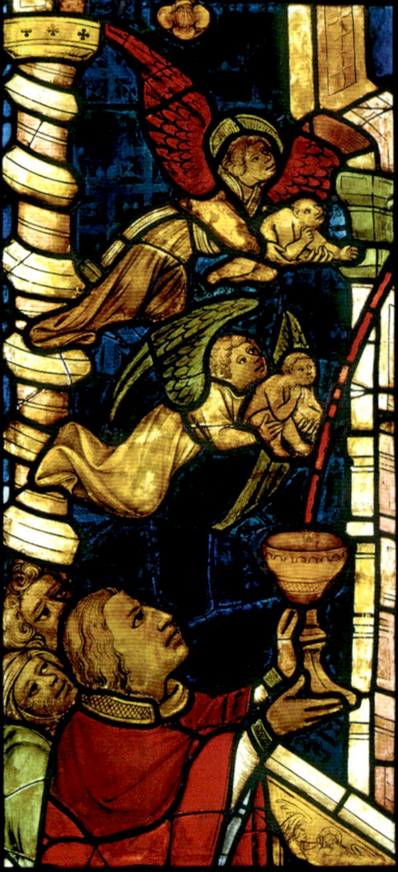

Für das ausgefallene Bildprogramm müssen dem Glasmaler exakte Vorgaben des Auftraggebers oder eines versierten theologischen Beraters an die Hand gegeben worden sein. Diese waren vermutlich schriftlich oder mündlich übermittelt worden, doch die schlüssige Umsetzung ins Bild ist als kongeniale Leistung des maßgeblichen Meisters zu würdigen.

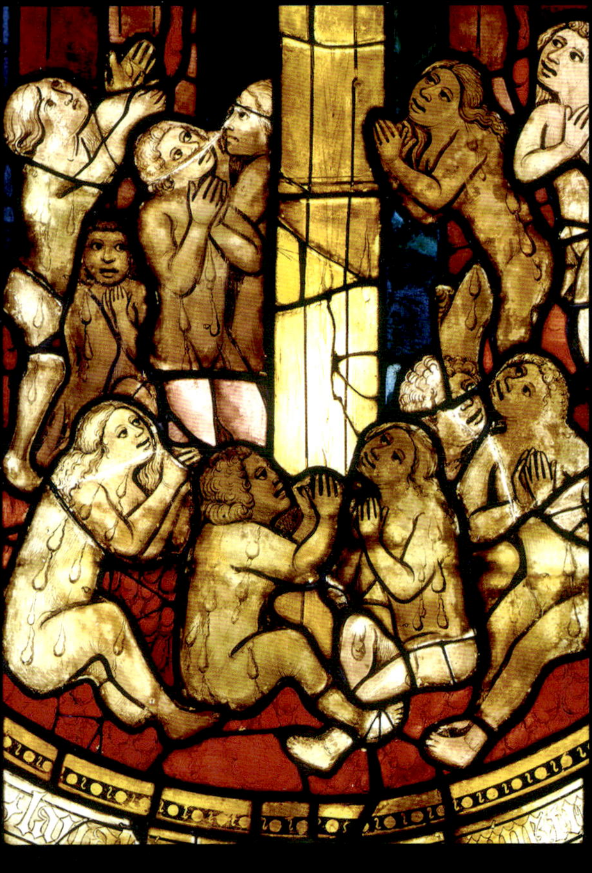

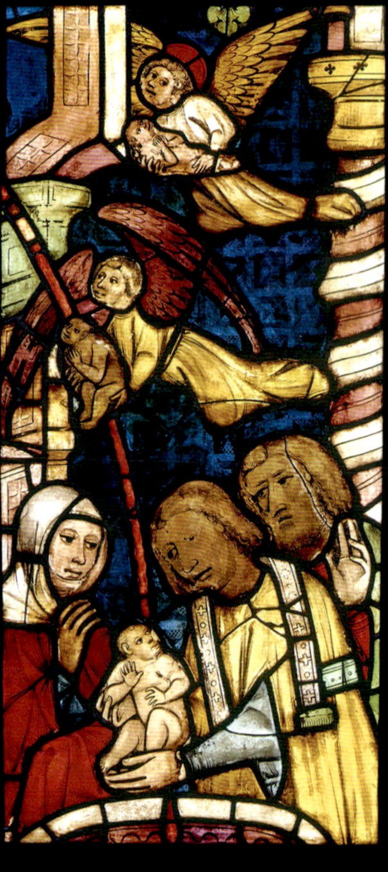

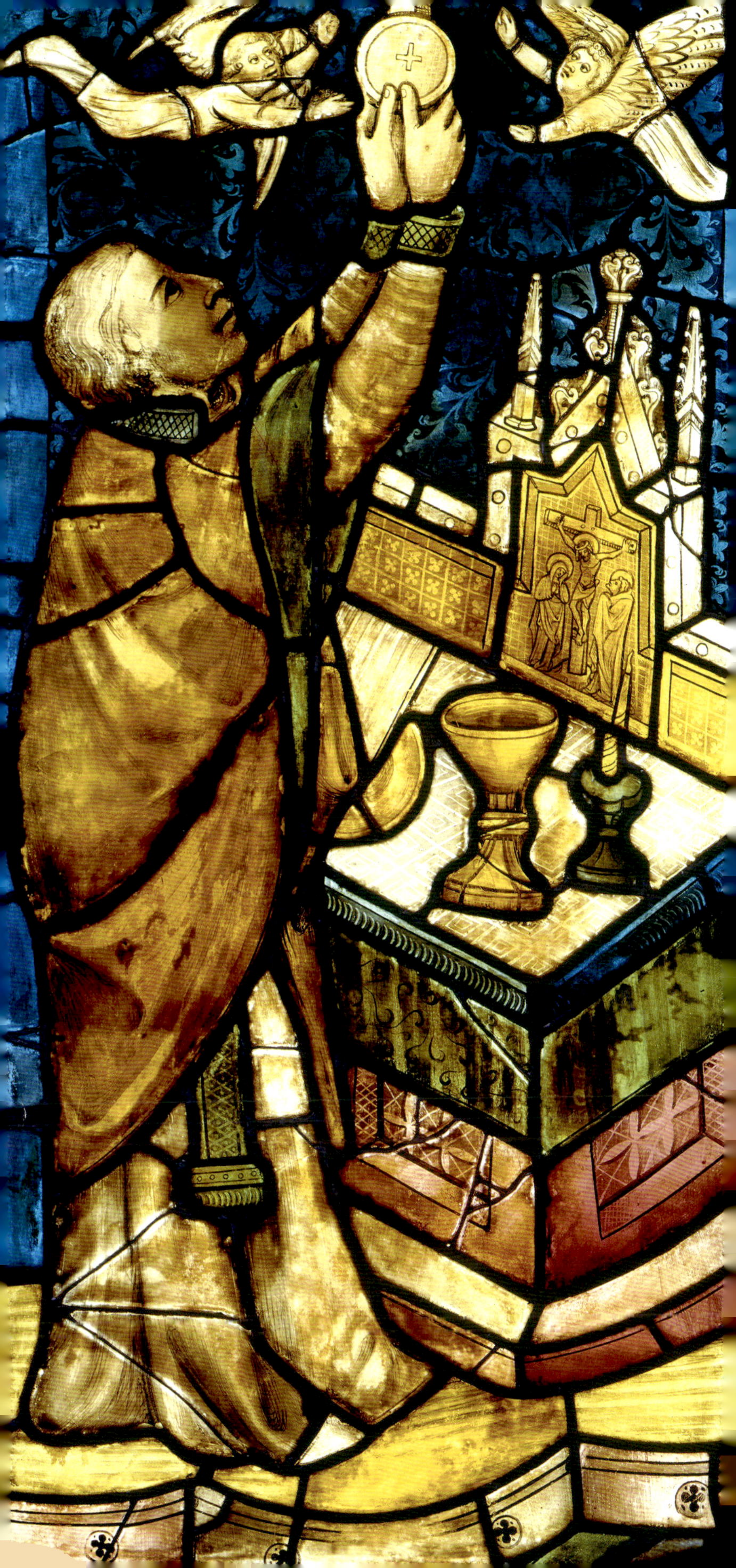

Die verschiedenen Bildbereiche werden durch einen verräumlichten Architekturprospekt zusammengefasst: im Kern ein polygonal geschlossener, oben spitzbogig eingerahmter Gewölberaum, flankiert von zwei durch sogenannte gewirtelte Säulen begrenzten, oben gerade abschließenden Seitenräumen. Die schräg fluchtenden, teils in Aufsicht, teils in Untersicht dargestellten Gehäuse der Sockelzone reichten ehemals auf die erste (heute verlorene) Zeile hinab und dürften dort von später getilgten Stifterbildern und Wappen besetzt gewesen sein.

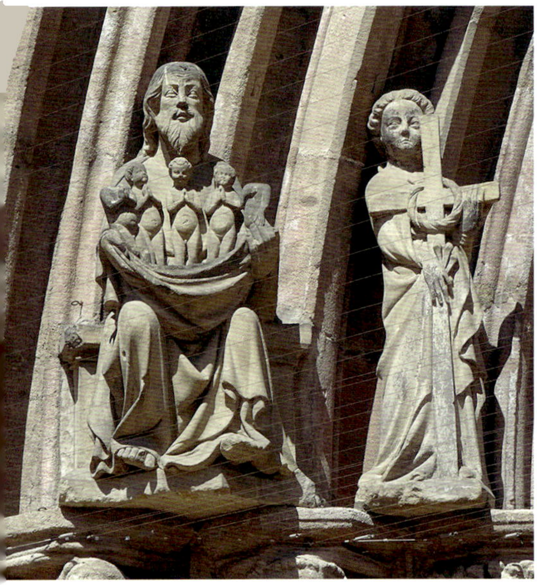

Auch im zweiten Geschoss des Eucharistiefensters steht der Nutzen des Messopfers – hier des eucharistischen Leibs – für das Seelenheil der Verstorbenen im Mittelpunkt: Dargestellt ist die Heilige Messe im Augenblick der Hostienelevation, wobei die Wandlung des Brotes in den realpräsenten Leib Christi durch den kleinen, von Engeln begleiteten, schwebenden Kruzifix über der Hostie versinnbildlicht wird[46]. Zu beiden Seiten des Priesters knien Gläubige vor dem Altar, auf einer Seite eigens von einem Engel herangeschoben. Gegenüber wird ein Unwürdiger von der Teilnahme an der Wandlung ausgeschlossen und von einem Engel weggeführt. Auf die Wirksamkeit der „Suffragien" für die im Purgatorium büßenden Sünder – neben der Feier der Eucharistie besonders die Fürbitten und guten Werke – deutet sowohl das Gebet der Gemeinde beim Messopfer als mehr noch die Darstellung fürbittender Heiliger in der Zone darüber[47]. Durch die Fürsprache der Heiligen links (dem thematisch verwandten Vorbild der Deesis entsprechend vermutlich Maria und die beiden Johannes) werden auf der anderen Seite die aus dem Fegefeuer erlösten Seelen von Engeln hinauf in Abrahams Schoß getragen, Sinnbild für Paradies und ewiges Leben, nach Tertullian aber auch Synonym für das *refrigerium interim*, den Ort der Erquickung, an dem die Gerechten – und die Geläuterten – die Seligkeit nach dem Jüngsten Gericht erwarten[48]. Ganz der Bildtradition verpflichtet ist die Darstellungsweise dreier nackter Seelen, die, anstatt im Schoß direkt, von Abraham in einem aufgespannten Tuch gehalten werden.
Für die Gesamtgestaltung der Figur, besonders aber der adorierenden Seelen, wurde gewiss zu Recht auf das Vorbild am 1309–1315 ausgeführten Weltgerichtsportal der Nürnberger Sebalduskirche verwiesen (Abb. links), angesicht der künstlerischen Provenienz des Fensters eine naheliegende Überlegung. Zugleich weist das Motiv des Thronens auf dem doppelten Regenbogen ebenso wie der Kreuznimbus auf eine Umdeutung Abrahams in Gottvater oder Christus, die im Fenster selbst ein zweites Mal durch die weitgehende Übereinstimmung mit der Figur Gottvaters auf dem doppelten Regenbogen im vierten Geschoss unterstrichen wird (Abb. S. 48).
Wie im untersten Fensterabschnitt (2–4a–c) sind auch im vorliegenden Bildkomplex die verschiedenen Bereiche der Messfeier, der fürbittenden Heiligen und Abrahams Schoß durch schlicht verräumlichte Architekturkonstruktionen zusammengefasst: Beidseits des nach oben abschließenden Spitzbogengewölbes wohnen weitere Engel unter kastenartig vorkragenden Gehäusen dem Geschehen bei. Die in Aufsicht dargestellten vorkragenden oberen Gehäuse fußen ihrerseits – zeittypisch wider jede Erfahrungsperspektive – auf untersichtig aufgefassten Baldachinen eine Zeile tiefer.

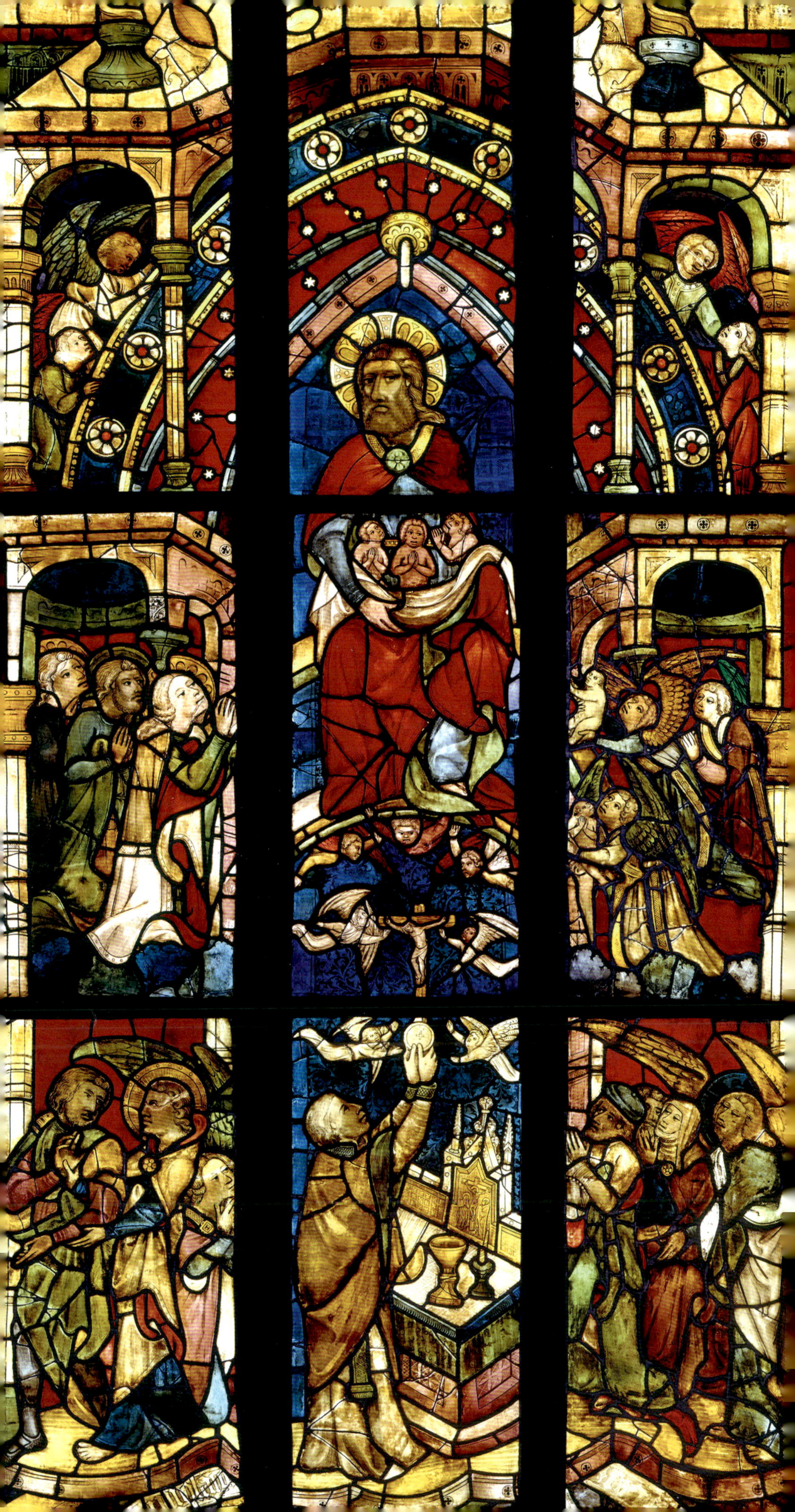

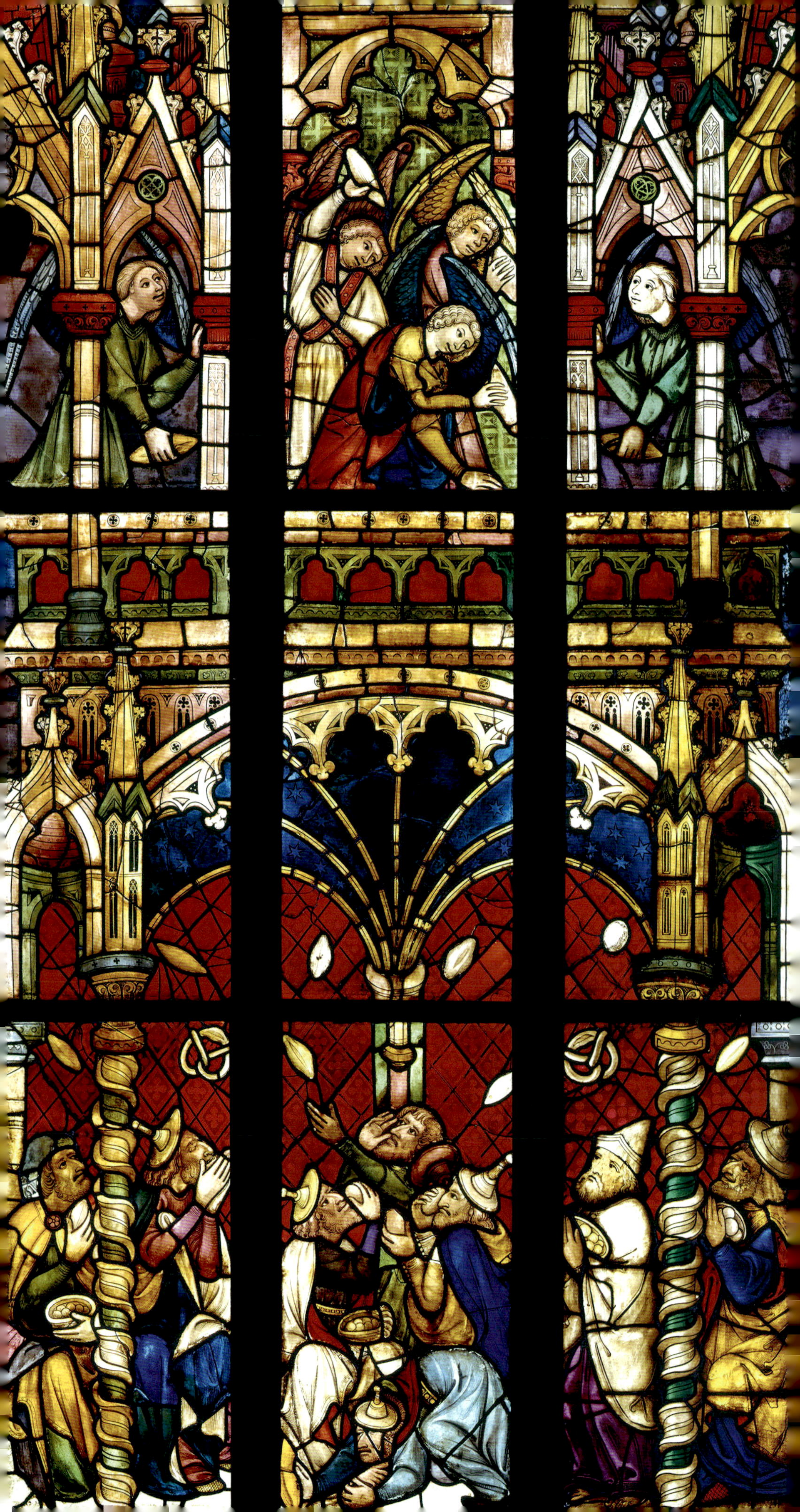

In der dritten großen Bildeinheit des Fensters ist das alttestamentliche Ereignis der Mannalese in einem zweigeschossigen architektonischen Rahmen dargestellt. Die Speisung der Juden mit dem himmlischen Brot in der Wüste (2 Mose/Exodus 16; Weisheit 16,20) zählt in der Typologie seit dem 12. Jahrhundert zu den gebräuchlichen Präfigurationen für Abendmahl und Eucharistie und verweist daher unmittelbar auf die voraufgehenden Szenen des Eucharistiefensters. Den maßgeblichen Bezug erklärt Christus selbst in der Synagoge zu Kapernaum mit den Worten: „Ich bin das Brot des Lebens. Eure Väter haben in der Wüste das Manna gegessen und sind [dennoch] gestorben. [...] Ich bin das lebendige Brot, das vom Himmel herabgekommen ist. Wer von diesem Brot isst, wird in Ewigkeit leben. Das Brot aber, das ich geben werde, ist mein Fleisch für das Leben der Welt. [...] Wer mein Fleisch isst und mein Blut trinkt, hat ewiges Leben, und ich werde ihn auferwecken am Jüngsten Tage [...]" (Johannes 6,48–51,54)[49].

Die volkstümliche Interpretation der Rothenburger Mannalese zählt zu den skurrilsten Bildlösungen dieser Begebenheit in der christlichen Ikonografie. Sie zeigt die versammelten Israeliten nicht wie üblich in landschaftlicher Umgebung, sondern zwangsläufig integriert in die übergreifende Fensterarchitektur. Die darüberliegende Brüstung wird von Engeln besetzt, die dem Volk Gottes Manna in Gestalt von Spitzwecken und Brezeln – also ganz dem Wortsinn des *Liber sapientiae* folgend als „Engelsspeise und fertiges Brot" – hinunterwerfen, wo es von den hungrigen Israeliten aufgefangen und in Körben gesammelt wird.
Brezeln und Spitzwecken waren bereits im Letzten Abendmahl des rund 50 Jahre zuvor ausgeführten Chorachsenfensters in ganz entsprechender Weise auf der Tafel verteilt zu sehen (Abb. S. 16) – ein starkes Indiz dafür, dass sich die Auftraggeber des Eucharistiefensters direkt an die Nachfolger der älteren Werkstatt gewendet haben.

Als besonderes Merkmal der Szene ist die ausgeprägte Typisierung der Juden mit den scharfen Hakennasen hervorgehoben worden, die freilich kaum für eine inkriminierende Sicht der Gier in Anspruch genommen werden kann. Angesichts entsprechend typisierter, eng verwandter Köpfe unter den Propheten und Aposteln der beiden Chorflankenfenster ist diese Interpretation auszuschließen. Dass die beiden kleinen Löwenfigürchen am Fuß der gewirtelten Säulen (7a/c; Abb. S. 43 oben) nur als Dekoration hier appliziert worden sind und keinen spezifischen Sinn enthalten, ist dem Umstand zu entnehmen, dass das gleiche Motiv an entsprechender Stelle der Bildarchitektur, doch in einem völlig anderen ikonografischen Kontext, bereits um 1380/90 im Mendel-Fenster (aus derselben Werkstatt) in der Nürnberger Sebalduskirche Verwendung gefunden hatte (Abb. unten).

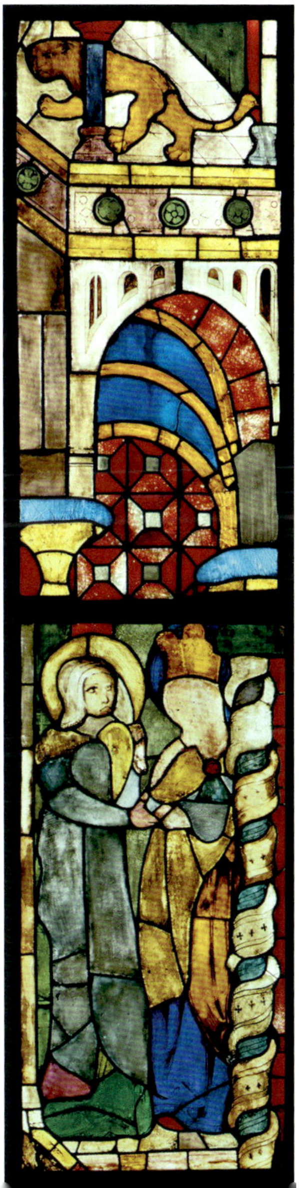

Das markante Hintergrundornament aus Diamantquadern, deren Schrägflächen im Wechsel flächig in Halbton angelegt oder durch ausradierte Kreuz- und Parallelschraffuren aufgelockert werden, sind Werkstattgut, das in identischer Form, soweit ersichtlich, nur noch in den museal bewahrten Restscheiben eines Medaillonfensters begegnen, von denen sich die Anbetung der Könige im Musée du Louvre in Paris und ein Teil der Darbringung im Tempel im Musée de l'Œuvre Notre-Dame in Straßburg befinden (s. Abb. rechts und S. 55). Über die Herkunft dieser einst zusammengehörigen Glasgemälde ist weiter nichts bekannt, als dass sie aus französischen Privatsammlungen, darunter die des Glasmalers Michel Acezat (1878–1944), teils konfisziert (Paris), teils im Kunsthandel erworben wurden (Straßburg). Sie sind sicher früher entstanden als die Rothenburger Fenster.

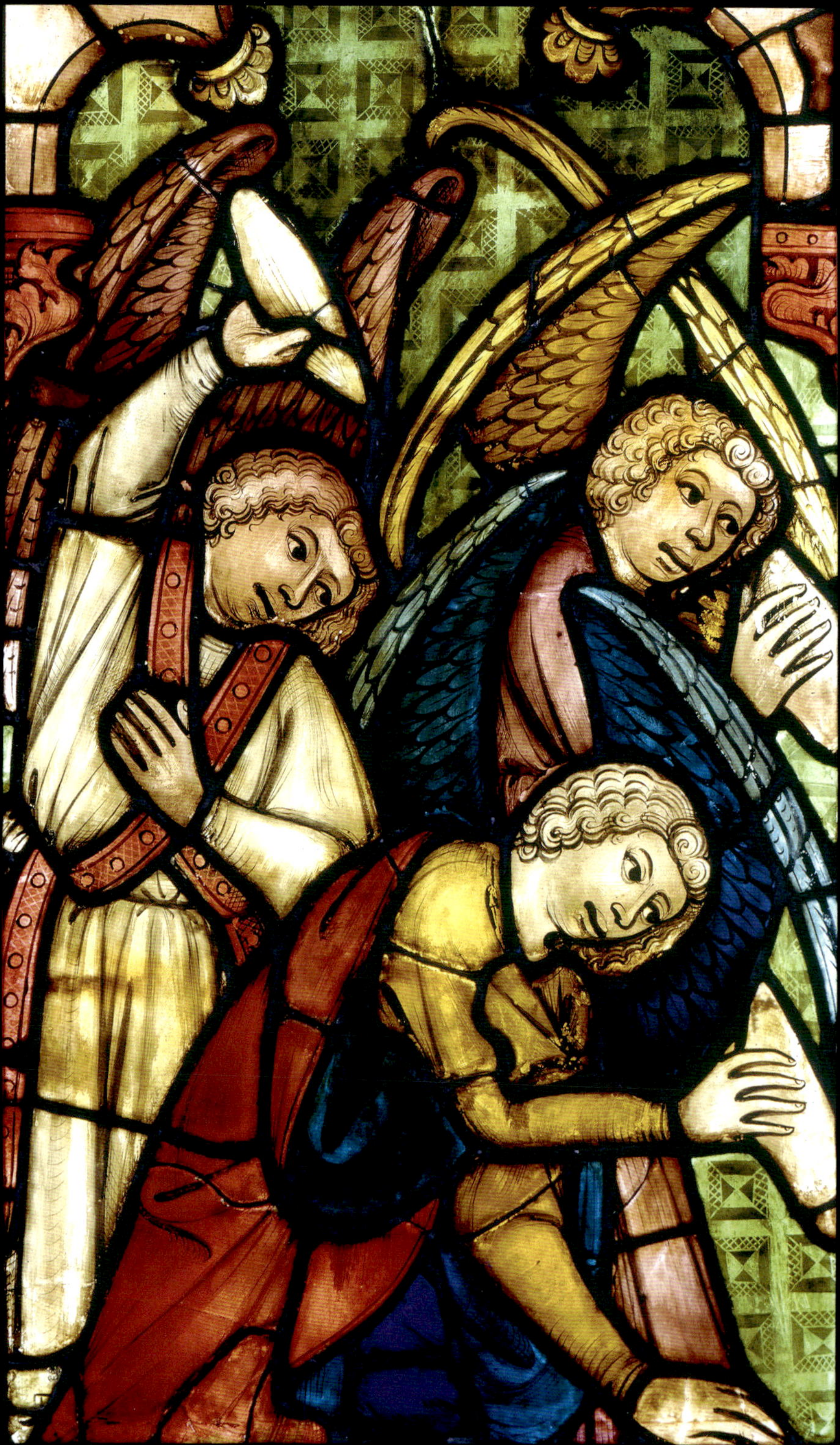

Doch nicht allein beim ornamentalen Werkstattfundus lassen sich engste Zusammenhänge zwischen den früheren Arbeiten in französischem Museumsbesitz und den reifen Werken in Rothenburg erkennen. Auch in den Figuren, im Typenschatz und in der ausgeprägt grafischen Handschrift der verantwortlichen Glasmaler sind die Parallelen nicht zu übersehen.
Obwohl aus diesem Grund in der kunsthistorischen Forschung große Einigkeit darin besteht, dass die Rothenburger Fenster im selben Werkstattkreis ihre Wurzeln haben, ist letztlich nicht mit Sicherheit zu entscheiden, ob es sich in beiden Fällen auch tatsächlich noch um ein und dieselbe ausführende Werkstatt gehandelt hat. Nicht auszuschließen, dass der Rothenburger Hauptmeister sich inzwischen emanzipiert und eine eigene Werkstatt gegründet hatte und den großen Auftrag für St. Jakob auf eigene Rechnung ausführte.

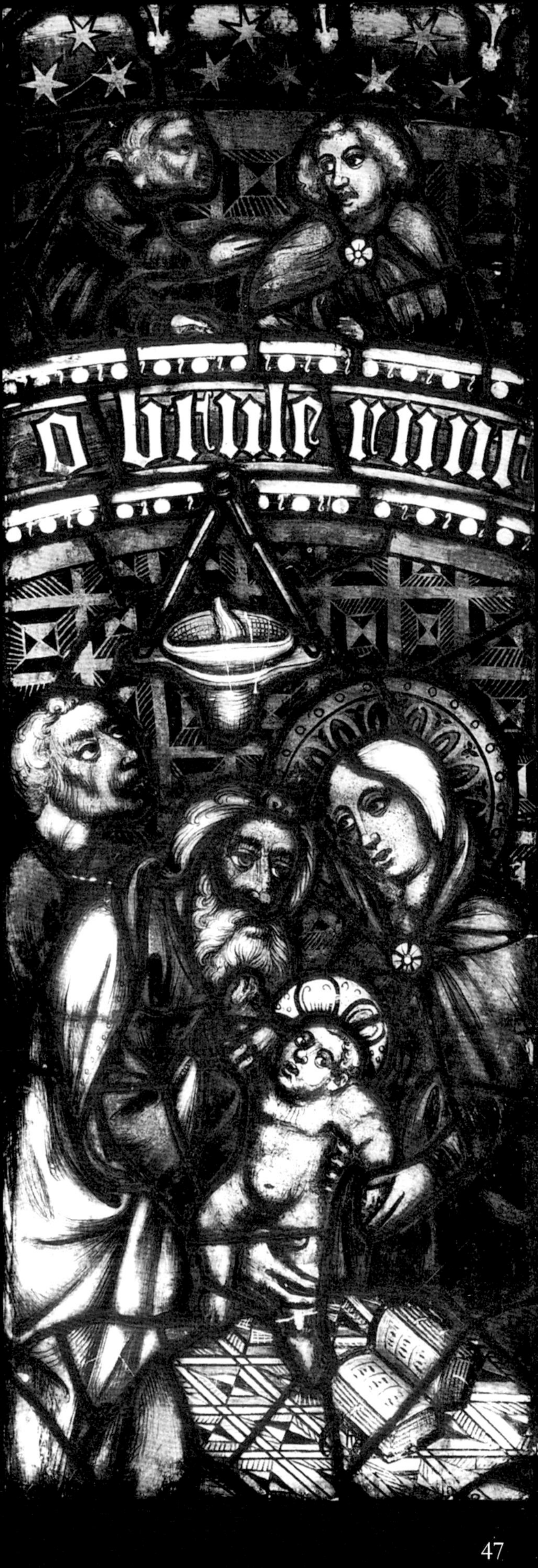

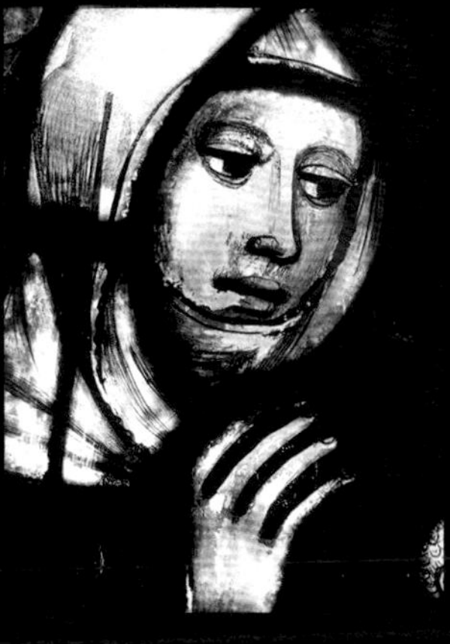

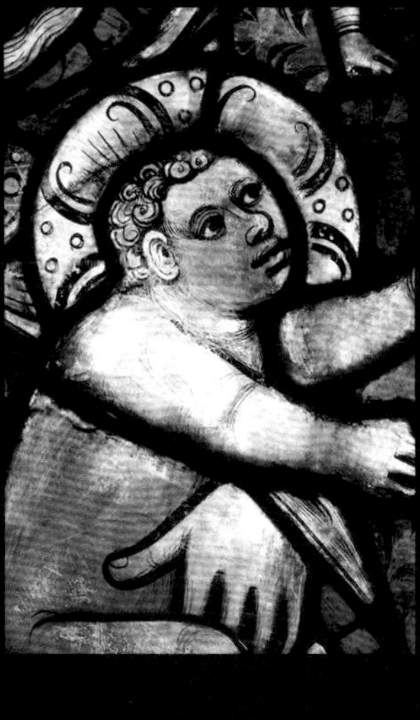

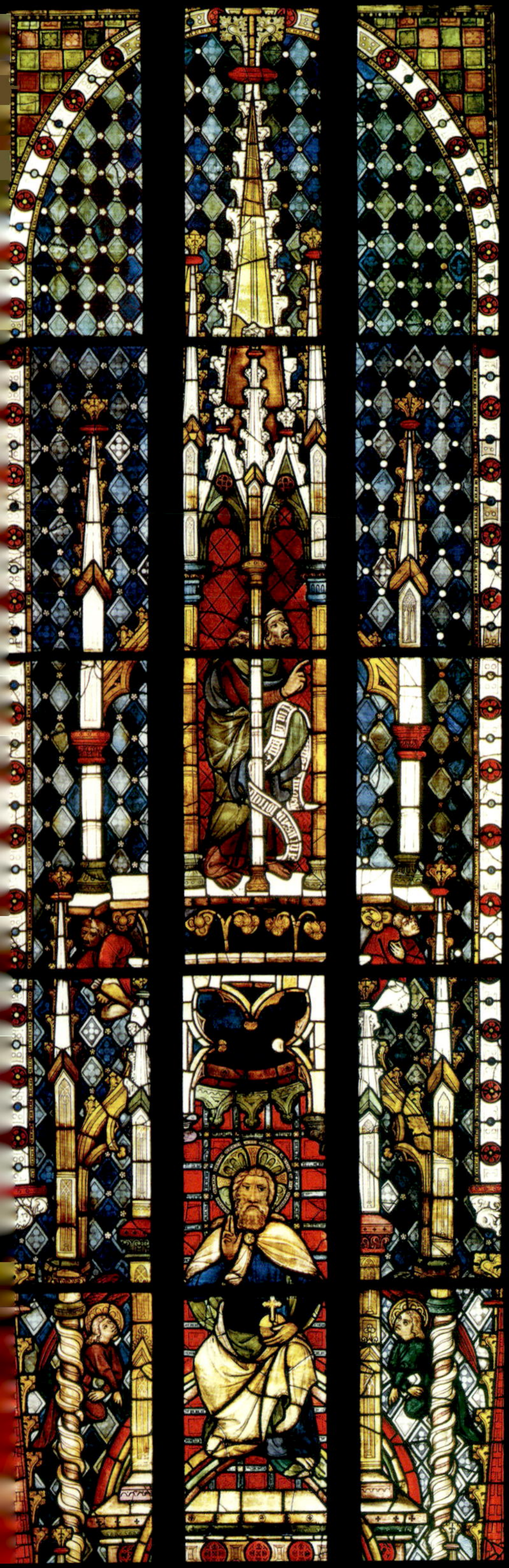

Die Darstellungen im oberen Fensterdrittel sind hinsichtlich der Programmatik des Eucharistiefensters auf den ersten Blick nicht mehr zwingend mit den drei übergreifenden Bildkompositionen darunter in Verbindung zu bringen. Zumal der hohe Auszug mit dem Proheten vor flächenfüllendem Ornamentteppich hier eher als Verlegenheitslösung wirkt, um die verbleibenden Zeilen bis zur Maßwerkspitze hinauf zu füllen (11–15a–c).

Den oberen Abschluss des Fensters bilden der thronende Gottvater im vierten Geschoss und schließlich im Auszug ein Prophet mit Schriftband (Abb. links). Die majestätisch thronende Gestalt Gottvaters auf dem zweifachen Regenbogen, mit der Kugel des *orbis tripartibus* im Schoß und zum Segen erhobener Rechter, erscheint hier zugleich als Ursache und Gewähr für die darunter dargestellten heilsgeschichtlichen Ereignisse. Zwei den Thron Gottes flankierende Engel (der rechte davon modern) verdeutlichen diese Beziehung unmissverständlich durch die nach unten weisende Geste: Gott spendete den hungernden Israeliten in der Wüste das Manna, und er ist es auch, der den Gläubigen die Heilswirkung der Eucharistie gewährt. Die Bildarchitektur des überwölbten, vom doppelten Regenbogen durchdrungenen Thrones verjüngt sich nach oben, wo zwei kauernde Atlanten den Übergang zur abschließenden Turmspitze mit dem eingestellten Propheten markieren.

Alttestamentliche Propheten mit Spruchbändern bevölkern bereits seit dem 6. Jahrhundert in zunehmendem Maße die Peripherie biblischer Szenerien und gehören demgemäß auch in der Glasmalerei um 1400 zum unverzichtbaren Bestandteil ornamentaler wie architektonischer Rahmen und Bekrönungen. Gleichwohl erhalten sie in vergleichbaren Zusammenhängen oft einen mehr allgemein verweisenden Charakter, als dass sie einen ganz konkreten Bezug auf ein bestimmtes heilsgeschichtliches Ereignis zur Anschauung bringen. In der vereinzelten und dadurch in ihrer Bedeutung besonders herausgehobenen großen Prophetenfigur in der Spitze des Eucharistiefensters, genauer im (nicht sinnvoll aufzulösenden) Text des dominant präsentierten Spruchbandes, möchte man freilich – sowohl in Anbetracht der ausgesuchten Ikonografie des Fensters als auch der vorbildlichen Propheten im benachbarten Achsenfenster mit ihren direkten Textbezügen zur parallel dargestellten Vita Christi – gern eine das Thema der Eucharistie (oder der Mannalese) berührende Weissagung vermuten[50]. An der Nahtstelle zur Turmspitze der Fensterarchitektur mit ihrem schlanken Figurentabernakel hocken außerdem – wie im Achsenfenster gleichfalls schon vorexerziert und wiederholt in zeitgenössischen Farbverglasungen des süddeutschen Raumes zu finden – kleine Atlantenfigürchen unter den Postamenten der begleitenden Fialen. Auf der Höhe, wo Strebebögen von den flankierenden Fialen zum Thron hinüberleiten (12a/c), beginnt an den äußeren Rändern über Blattkonsolen ein umlaufendes ornamentales Band, das den einheitlichen Karogrund der letzten vier Zeilen des Fensters mit seinem rundbogigen Abschluss zusammenfasst.

An seinem heutigen Standort in süd II kann das Fenster ursprünglich nicht gesessen haben, da in beiden Chorflankenfenstern, wie bereits erwähnt, figürlich-ornamentale Verglasungen mit Aposteln (und Heiligen?) aus der Erstausstattungsphase des Chores Mitte des 14. Jahrhunderts ihren Platz besaßen (vgl. S. 20f.). Es kommt vielmehr nur eines der vier großen Langchorfenster nord III / IV bzw. süd III / IV als angestammter Standort in Betracht, und unter diesen vorzugsweise, aus Gründen des ikonografischen Gesamtprogramms, das Fenster nord III über der Sakramentsnische (siehe Abb. S. 9).

Am *fenster ob dem sacrament* waren bereits im Jahr 1506 mehrere Reparaturen erforderlich. So wurde einem Glaser mit Namen Lang für das *new zu fassen* (Neuverbleiung) von drei *stucken* (Feldern) die Summe von zwölf Pfund Pfennig gezahlt, und es könnte sein, dass es sich bei diesen Reparaturmaßnahmen bereits um die heute fehlende und durch Fremdbestand gefüllte untere Fensterzeile des Eucharistiefensters gehandelt hatte.

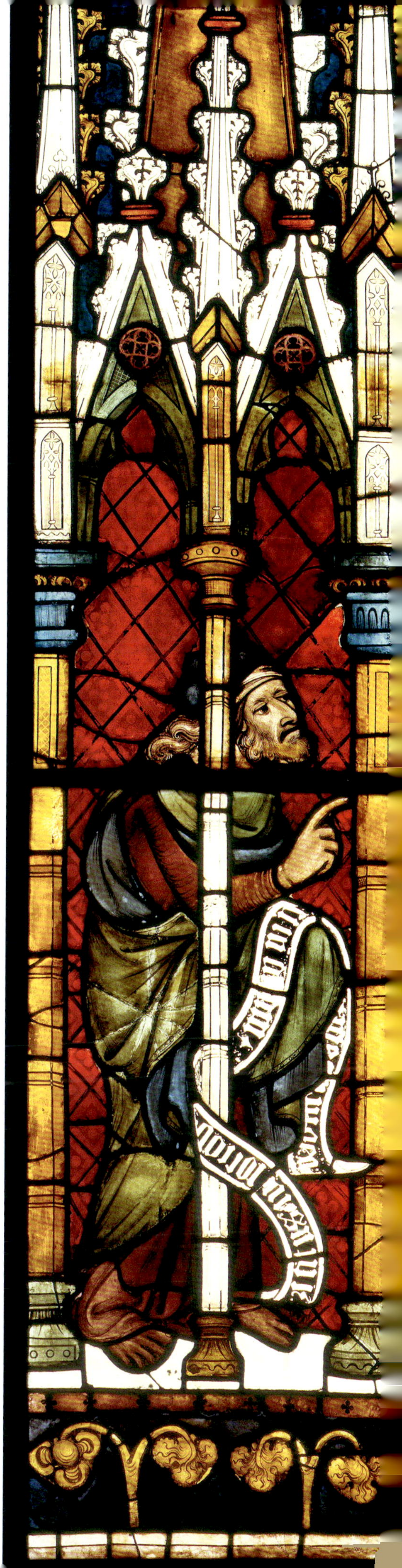

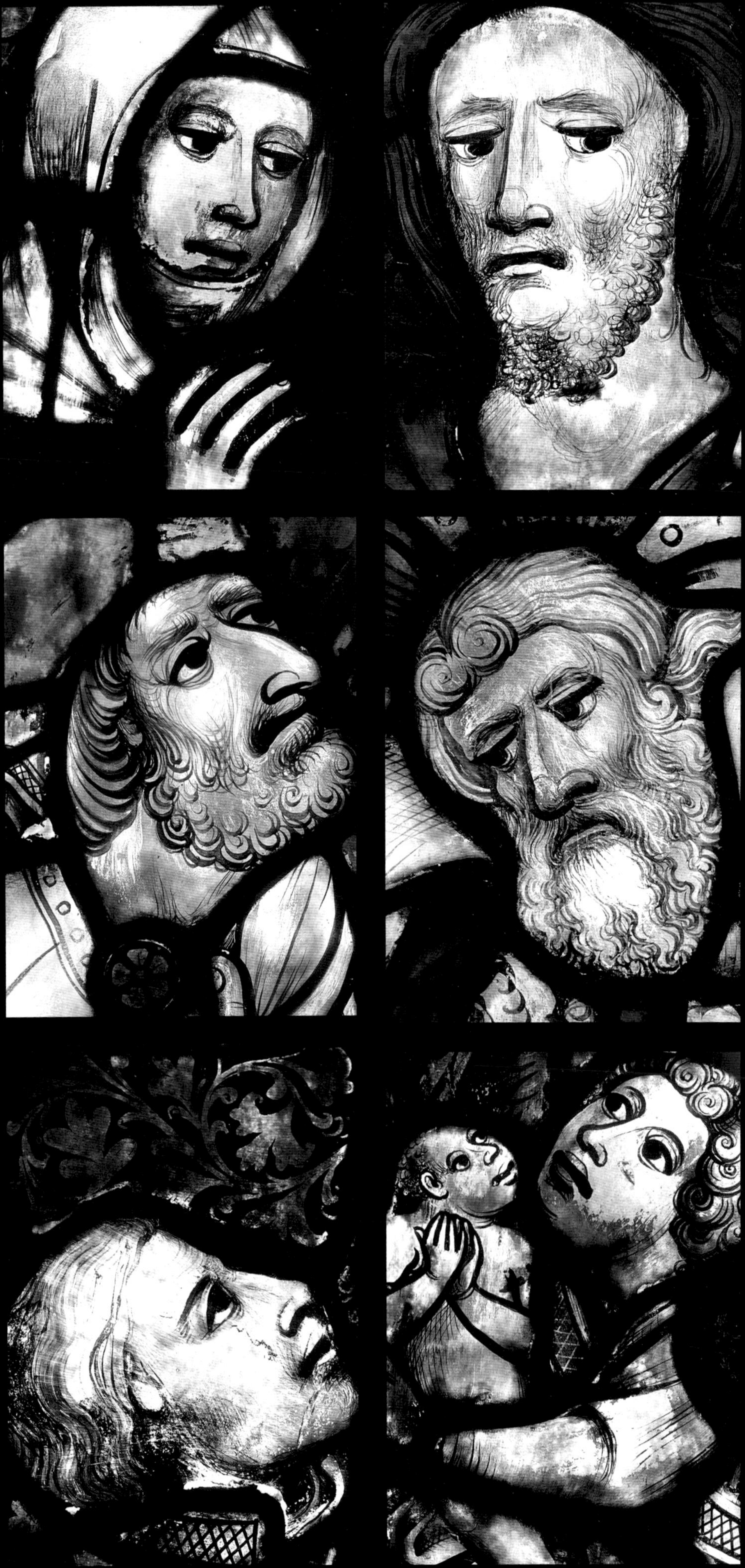

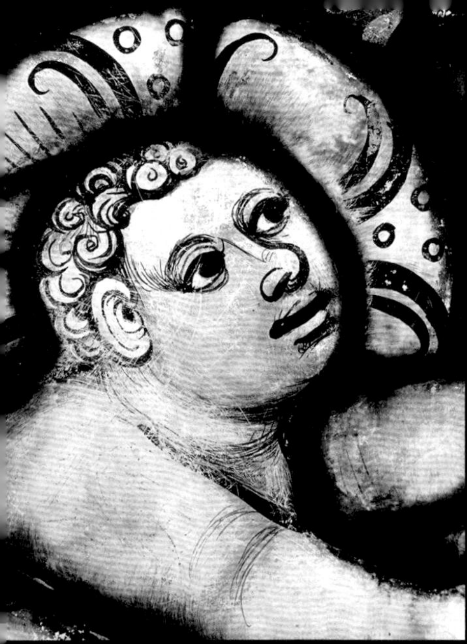

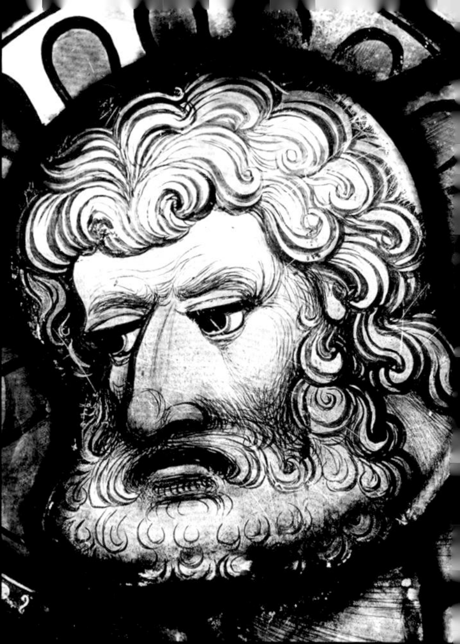

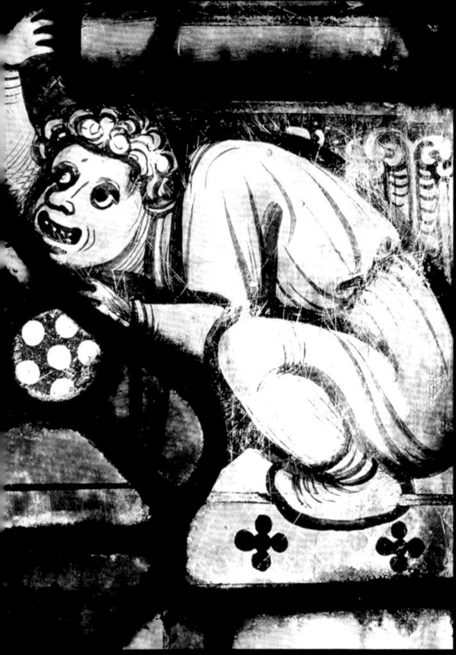

Auch die beiden Chorflankenfenster waren im Zweiten Weltkrieg geborgen worden, und so bot sich die Gelegenheit, viele Details in Nahsicht aufzunehmen. Die Aufnahmen des Konstanzer Fotografen Martin Hamacher sind ein Schatz, der im Bildarchiv der Freiburger Arbeitsstelle des deutschen Corpus Vitrearum Medii Aevi bewahrt und zu Forschungszwecken unter der Lizenz CC-BY-NC 4.0 unentgeltlich zur Verfügung steht.
Auswahl von oben nach unten: Weibliche Figur bei der Taufe (s II, 3d); Christus in der Auferstehung (n II, 9b); Christkind in der Anbetung der Könige (n II, 7b); Hl. Joseph (n II, 2d); Israelit in der Mannalese (s II, 10a); Gottvater im Pfingstbild (n II, 13b); Atlant (n II, 2d); Priester bei der Hostienelevation (s II, 5b); Engel mit Armer Seele (s II, 6d); Engel (s II, 7d); Apostel am Totenlager Marias (n II, 15c).

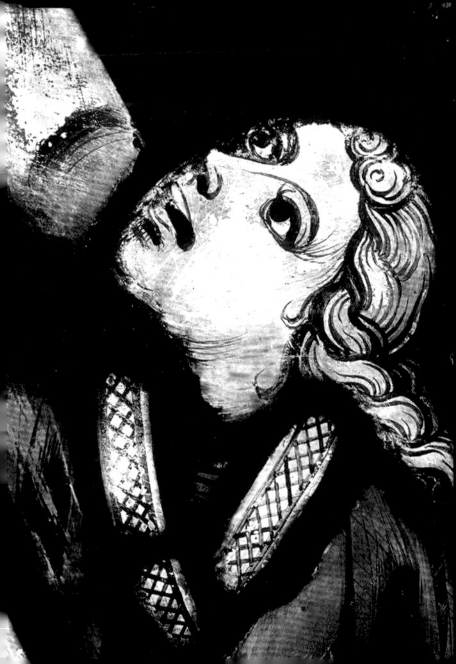

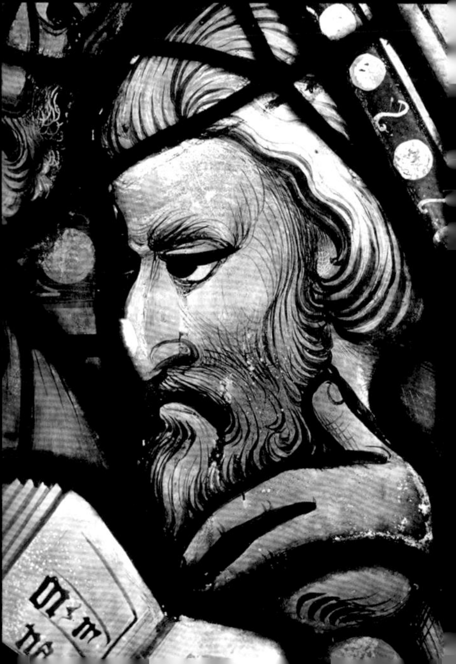

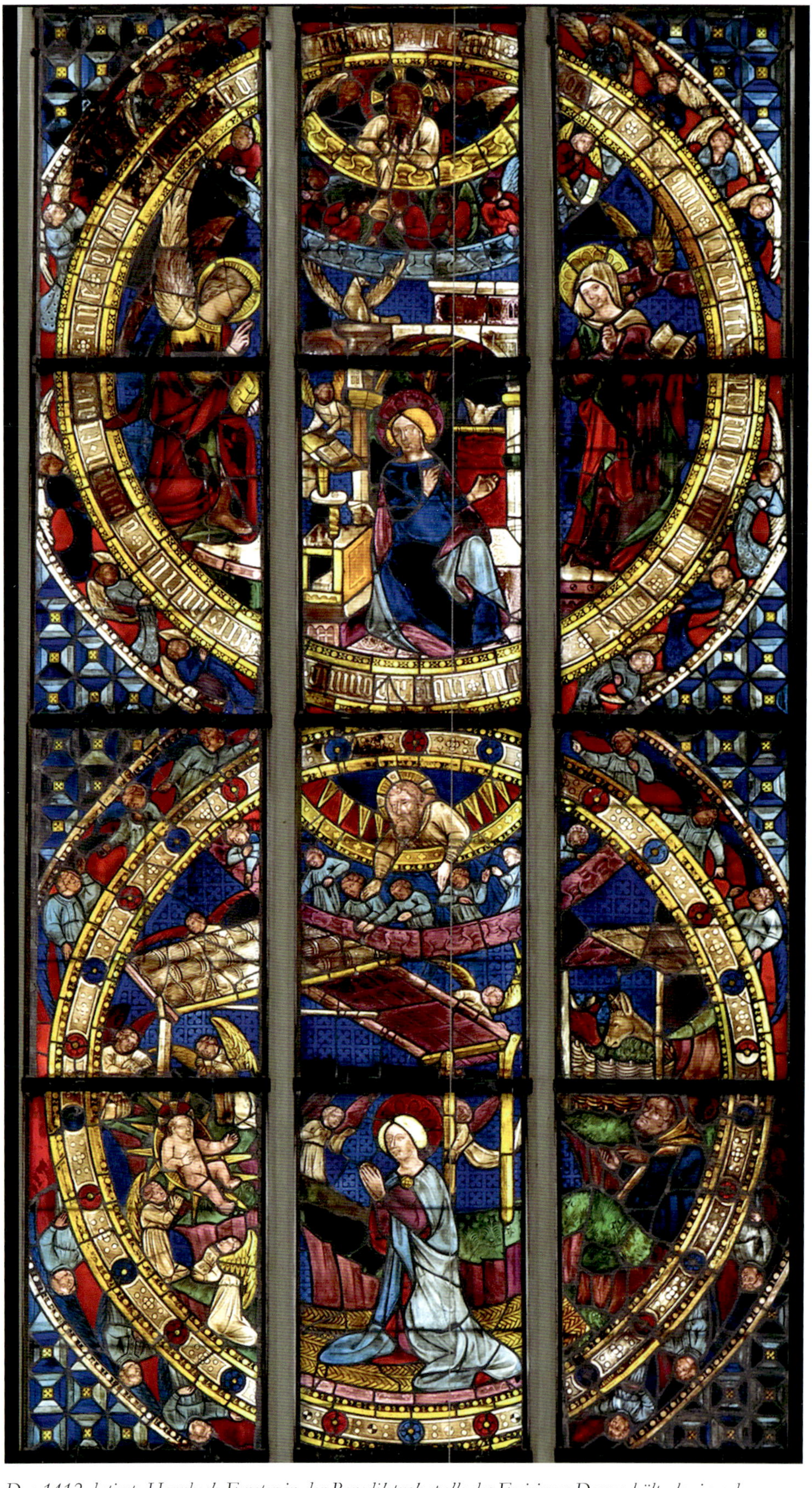

Das 1412 datierte Hornbeck-Fenster in der Benediktuskapelle des Freisinger Domes hält als einer der späten Ableger der hier in Frage stehenden Werkstattrichtung hinsichtlich Gesamtgestaltung, Figurenstil und Ornamentik noch immer an den einmal gefundenen Lösungen fest. Der Hauptmeister der Rothenburger Flankenfenster ist in Freising aber, wenn überhaupt, allenfalls noch am Rande beteiligt gewesen.

Zur stilistischen Verortung der Zweitverglasung von 1390/1400

Klarer als beim älteren Chorachsenfenster sind die Abhängigkeitsverhältnisse im Fall der jüngeren Chorflankenfenster zu benennen. In Anbetracht desselben Typenschatzes und derselben expressiven grafischen Manier müssen sie alle ein und demselben Werkstattkreis zugewiesen werden. Abgesehen von den weitgespannten Bezügen im Bereich der Ornamentik sind zudem eine ganze Reihe stilistisch nahestehender Werke außerhalb Rothenburgs erhalten geblieben, die auf eine ehemals umfangreiche, überraschend weitgestreute Werkstattproduktion und -filiation schließen lassen.

In Stil und Ornamentik nächstverwandt sind eine Reihe translozierter Scheiben in französischem Museumsbesitz, die zu zwei Fenstern unbekannter, aber offenbar gemeinsamer Provenienz gehören:
1. sechs Scheiben eines Medaillons mit der Anbetung der Könige (Paris, Musée du Louvre; Abb. S. 55) und drei weitere Medaillonfragmente mit der Darbringung im Tempel (Strasbourg, Musée de l'Œuvre-Notre-Dame; Abb. S. 47); 2. vier Scheiben eines architektonisch gerahmten Fensters mit der Kreuzigung und den Heiligen Laurentius und Magdalena (wiederum Paris) und ein Nebenfeld der Louvre-Kreuzigung mit den Assistenzfiguren des Evangelisten Johannes und des Hauptmanns Longinus (wiederum Strasbourg)[51]. Auf den Werkstattzusammenhang der Pariser Scheiben mit Rothenburg hat erstmals Detlef Knipping mit Nachdruck hingewiesen und diese zeitlich kurz vor Rothenburg angesetzt, während Rüdiger Becksmann für die Gestaltung der Medaillonrahmen und die zeichnerischen Besonderheiten der betreffenden Restscheiben noch in erster Linie eine eng verwandte, von Paul Frankl dem sogenannten „Astalermeister" – benannt nach den Resten eines von Erhard Astaler gestifteten, nach dessen Tod 1392 entstandenen Medaillonfensters in der Münchner Frauenkirche – zugewiesene Fenstergruppe in München, Freising und Augsburg vor Augen hatte[52]. Enge stilistische und zeichentechnische Gemeinsamkeiten der Rothenburger Chorflankenfenster mit dem Œuvre der Astalerwerkstatt – insbesondere zum Hornbeck-Fenster von 1412 im Freisinger Dom als einem der späteren Schulwerke (Abb. S. 52) – waren bereits in früherer Zeit gesehen worden[53].

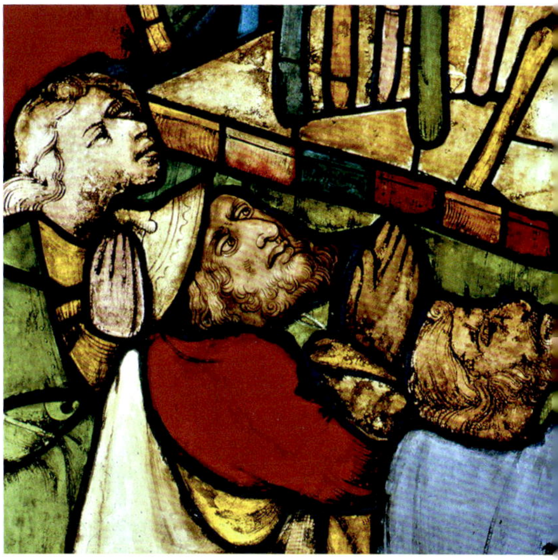

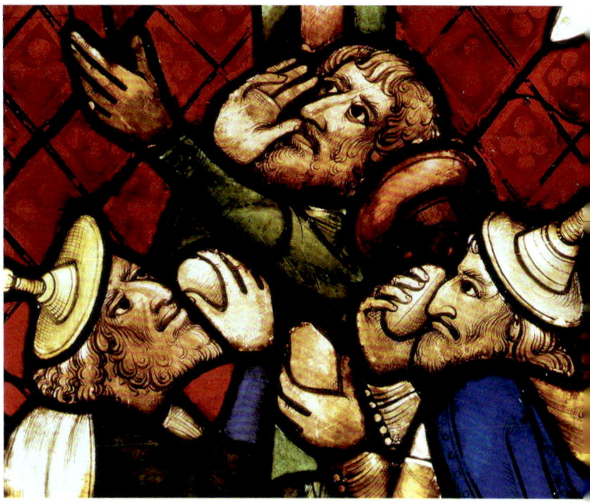

Im Mendel-Fenster der Nürnberger Sebalduskirche (Abb. oben), das vermutlich im Jahrzehnt nach der Chorweihe 1379 entstanden ist, sind trotz des ruinösen, nicht zuletzt durch Restaurierungen des 19. und 20. Jahrhunderts stark in Mitleidenschaft gezogenen Erhaltungszustands noch die Anfänge jenes Werkstattstils zu beobachten, der in den Rothenburger Chorflankenfenstern (Abb. unten) fraglos seinen Höhepunkt erreicht hat.

Ein weiterer quasi museal bewahrter Restbestand, der in diesem Zusammenhang zu nennen ist, befindet sich zusammen mit anderen Glasmalereiresten französischer und deutscher Provenienz seit den 40er-Jahren des 19. Jahrhunderts in der Pfarrkirche von Wilton (Wiltshire) in England eingeglast[54]: Sechs durch Korrosion stark in Mitleidenschaft gezogene Scheiben eines Jüngsten Gerichts mit Fürbittern und nicht genauer bestimmbaren alttestamentlichen Szenen in altertümlichen, im frühen 14. Jahrhundert vor allem in der oberrheinischen Glasmalerei gebräuchlichen Bogenpassrahmungen einschließlich kleiner Prophetenbüsten in den eingerollten Enden sind als Reste eines typologischen Fensters anzusprechen. Ein endgültiges Urteil wird durch die katastrophale Erhaltung zwar erschwert, doch der Typenschatz (besonders die Frauenköpfe), die skizzenhafte Binnenzeichnung und Einzelmotive wie etwa die Bildung der Schuhe sprechen entschieden für einen unmittelbaren Werkstattzusammenhang. Die etwas gedrungenere Proportionierung der Figuren deutet freilich auf eine frühere Entstehung, rund ein bis zwei Jahrzehnte vor Rothenburg.

Trotz der angedeuteten Vielfalt der Werke und Zusammenhänge sind die Wurzeln der Werkstatt, jedenfalls aber die früheste überkommene Arbeit, wie von Gottfried Frenzel vermutet und von Detlef Knipping näher ausgeführt, mit einiger Sicherheit in der Chorverglasung von St. Sebald in Nürnberg zu finden[55]. Unter den zehn nur mehr in Teilen erhaltenen Fenstern der Erstverglasung des Ostchors kommt dafür allein das Mendel-Fenster aus der Zeit zwischen erster und zweiter Chorweihe, 1379 und 1386, in Betracht (Abb. S. 45 und 53 oben). In den neun erhaltenen Szenen eines Annen-Marien-Zyklus erkennt man, trotz des stark restaurierten Zustands und der massiv geschädigten Bemalung, an den wenigen originalen Teilen immer noch die unmittelbaren Vorläufer des charakteristischen Rothenburger Typenrepertoires, die gleichen schlanken Proportionen der Figuren und eng verwandte Einzelmotive in Architektur und Ornamentik[56]. In der Scheibe mit dem Stabwunder zeigt sogar der nach altem Vorbild erneuerte Kellner'sche Kopf des Mannes mit Judenhut jene markante Physiognomie, die den Israeliten in der Mannalese im Rothenburger Eucharistiefenster eigentümlich ist. Innerhalb der Sebalder Chorverglasung erscheint das Mendel-Fenster allerdings ziemlich isoliert, insofern ist letzte Gewissheit über die Herkunft der verantwortlichen Glasmaler nicht zu gewinnen. Näher stehen dem Mendel-Fenster die zeitgleichen Überreste Nürnberger Wandmalerei, in erster Linie die stark fragmentierten Szenen der Apostelgeschichte im Langhaus der Frauenkirche aus den 1370er-Jahren oder das massiv überarbeitete Wandgemälde Paulus vor Nero und die Disputation des Apostels mit den Juden vor Agrippa im Chorraum von St. Sebald, für die dieselben böhmisch-italienischen Bildtraditionen im Umfeld der Prager Hofkunst der 1360er- und 70er-Jahre namhaft gemacht worden sind[57]. Tatsächlich offenbaren die Charakterköpfe der Rothenburger Fenster trotz ihrer drei bis vier Jahrzehnte späteren Entstehung ganz erstaunliche Bezüge zur Prager Malerei karolinischer Zeit: in den Kreuzgangsfresken des Emausklosters, im Luxemburger Stammbaum und den Reliquienszenen auf Burg Karlštejn oder in einer Anbetung der Könige der sächsischen Kapelle des Veitsdoms. Außerdem dürfte auch der Figurenkanon des Meisters von Wittingau auf die eine oder andere Weise Pate gestanden haben[58].

Die Verpflichtung einer Nürnberger Glasmalerwerkstatt für St. Jakob in Rothenburg wäre – wie in zahlreichen Fällen zu belegen – mutmaßlich auf die Vermittlung durch den leitenden Werkmeister am Bau zurückzuführen[59]. Im letzten Jahrhundertviertel hatten gleich zwei Nürnberger Werkmeister in Folge – Conrad Eschenbach und Hans Staudigel – die Bauleitung an der Jakobskirche inne, und die zeitgleiche Bauplastik verrät folgerichtig ebenfalls Nürnberger Provenienz[60]. In den Nürnberger Meister- und Steuerlisten im letzten Drittel des 14. Jahrhunderts findet sich eine beispiellose

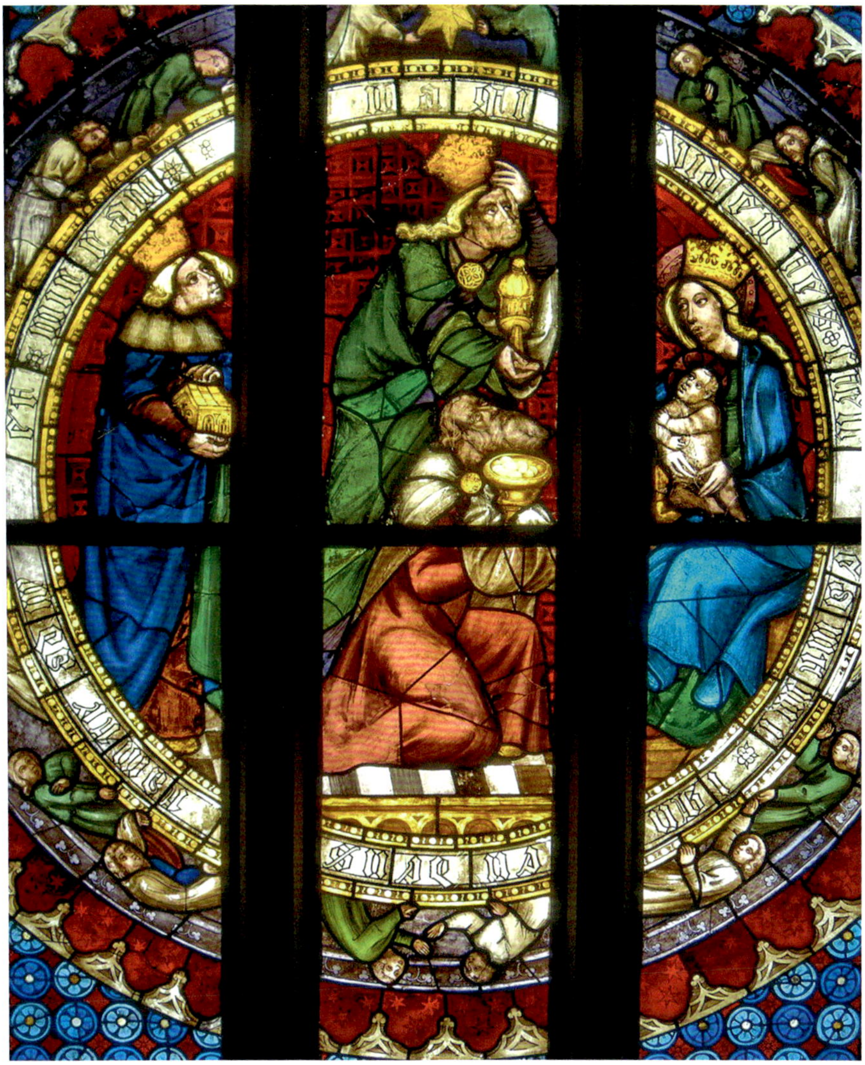

Die Gesamtanlage der Medaillonform mit Umschrift und Engelreigen in der Pariser Anbetung Christi aus der Zeit um 1380/90 wurde im Hornbeck-Fenster in Freising 1412 nochmals fast identisch wiederholt (Abb. S. 52). Dies zeigt wie langlebig einmal gefundene Bildlösungen und das ornamentale Vokabular im mittelalterlichen Werkstattbetrieb sein konnten.

Ansammlung von wenigstens 19 Glasern, die nach Fertigstellung der großen innerstädtischen Farbverglasungen, u.a. in der Frauenkirche, im Ostchor von St. Sebald, in der Spitalkirche St. Martha und im Langhaus von St. Lorenz, ihr Auskommen naturgemäß auch außerhalb Nürnbergs finden mussten[61]. Neben dem näheren fränkischen Umland reicht der Einzugsbereich Nürnberger Glasmalerei am Ende des 14. Jahrhunderts aus heutiger Sicht bereits bis nach Altbayern, Thüringen oder Ulm, wobei sich die verschiedenen Nürnberger Meister auch durchaus an Orten mit lukrativen Aufträgen niedergelassen haben könnten. Einen bestimmten Meisternamen – etwa den in Nürnberg seit 1370 nachgewiesenen *Heinrich, glaser capitaneus*, den mutmaßlichen Kopf einer Großwerkstatt – mit der Rothenburger Verglasung zu verbinden, besteht freilich nicht der geringste Anhaltspunkt. Dasselbe gilt leider auch für den hierfür ins Gespräch gebrachten Glaser *Hanns von Rotenburg*[62].

Die historistischen Farbfenster im Langhaus und auf der Westempore

Von der ursprünglichen Farbverglasung im Kirchenschiff und auf der Westempore sind weder Reste noch irgendwelche konkreten Nachrichten überliefert. Traut man den Schriftquellen zu allfälligen Glaserarbeiten im Verlauf des 15. und 16. Jahrhunderts, dann entsteht der Eindruck, dass man bereits frühzeitig mit dem Ersatz der farbigen Glasfenster zugunsten lichter Blankverglasungen mit „venedisch Scheuben“ (Butzen) begonnen hatte. Dies betraf zunächst nur den Chor, in dem offenbar vor allem die ornamentalen Fensterverschlüsse betroffen waren. Diese Maßnahmen standen mutmaßlich im Zusammenhang mit dem 1466 neu errichteten Hochaltarretabel, das ins rechte Licht gerückt werden sollte.

Vereinzelte Zahlungen für gemalte Fenster in der Heilig-Blut-Kapelle (auf der Westempore) in den Jahren 1473, 1492, 1497 und 1507, von denen nur in einem Fall der Stifter Seitz Häuptlein, in einem zweiten die Bruderschaft St. Jobst namentlich genannt sind, sind so bescheiden, dass es sich nur um einzelne Glasgemälde, vermutlich Wappen, Stifterbilder und gegebenenfalls Schutzpatrone, gehandelt haben kann, während der Großteil der Fensterflächen, der Zeitmode entsprechend, mit Butzen blank verglast wurde[63].

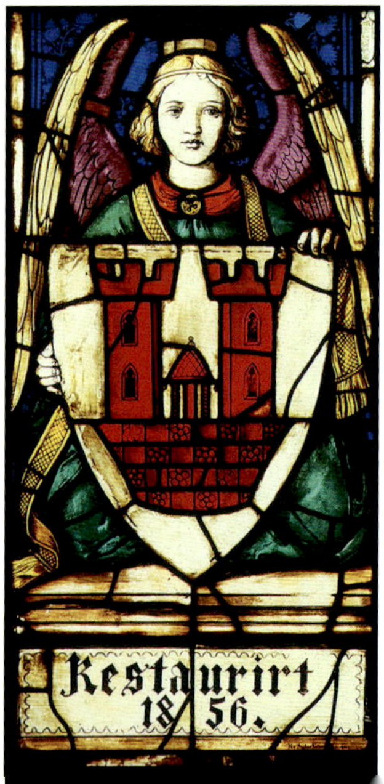

Umfangreiche Maßnahmen zur Beseitigung alter Glasmalereien in den diversen Kapellen der Kirche und auf der Heilig-Blut-Empore sind schließlich in nachkatholischer Zeit für die Jahre 1559/60, 1566, 1600–1602 überliefert, wobei man die alten gemalten Scheiben oberhalb des Gewölbes im Dachstuhl lagern sollte[64]. Wie lange sie dort aufbewahrt wurden, ist freilich ungewiss.

Im Rahmen der ersten großen Restaurierung der drei mittelalterlichen Chorfenster durch den Nürnberger Glasmaler Stephan Kellner in den 1850er-Jahren, bei der auch das Rothenburger Wappen für die Fußzeile des Eucharistiefensters neu geschaffen wurde (Abb. links unten), entstanden auch die beiden großen Rundmedaillons mit den Porträts der Reformatoren Martin Luther (1483–1546) und Philipp Melanchthon (1497–1560). Allerdings hat die heutige, recht unorthodox vor die Maßwerkpfosten gesetzte Anbringung der Rundscheiben in den Fenstern der Häuptlein-Kapelle und der Wernitzer-Kapelle im nördlichen Seitenschiff wenig mit der ursprünglichen Präsentation zu tun (Abb. rechts und S. 61)[65]. Diese wurde erst 1910–1914 durch ihre Einbettung in die übergreifenden Neuverglasungen der beiden Reformatorenfenster durch die Münchner Werkstatt F. X. Zettler geschaffen.

5 *Das Lutherfenster in der Häuptlein-Kapelle zeigt unter dem Rundbild des Reformators von 1854 die 1914 geschaffene Ausweitung des Blicks auf einen erlauchten Kreis weiterer maßgeblicher Zeitgenossen für die Geschichte der Reformation sowie namhafte Vorläufer. Die Schrifttafel zitiert eine Textzeile aus Luthers berühmtem Kirchenlied „Ein feste Burg ist unser Gott“.* >>

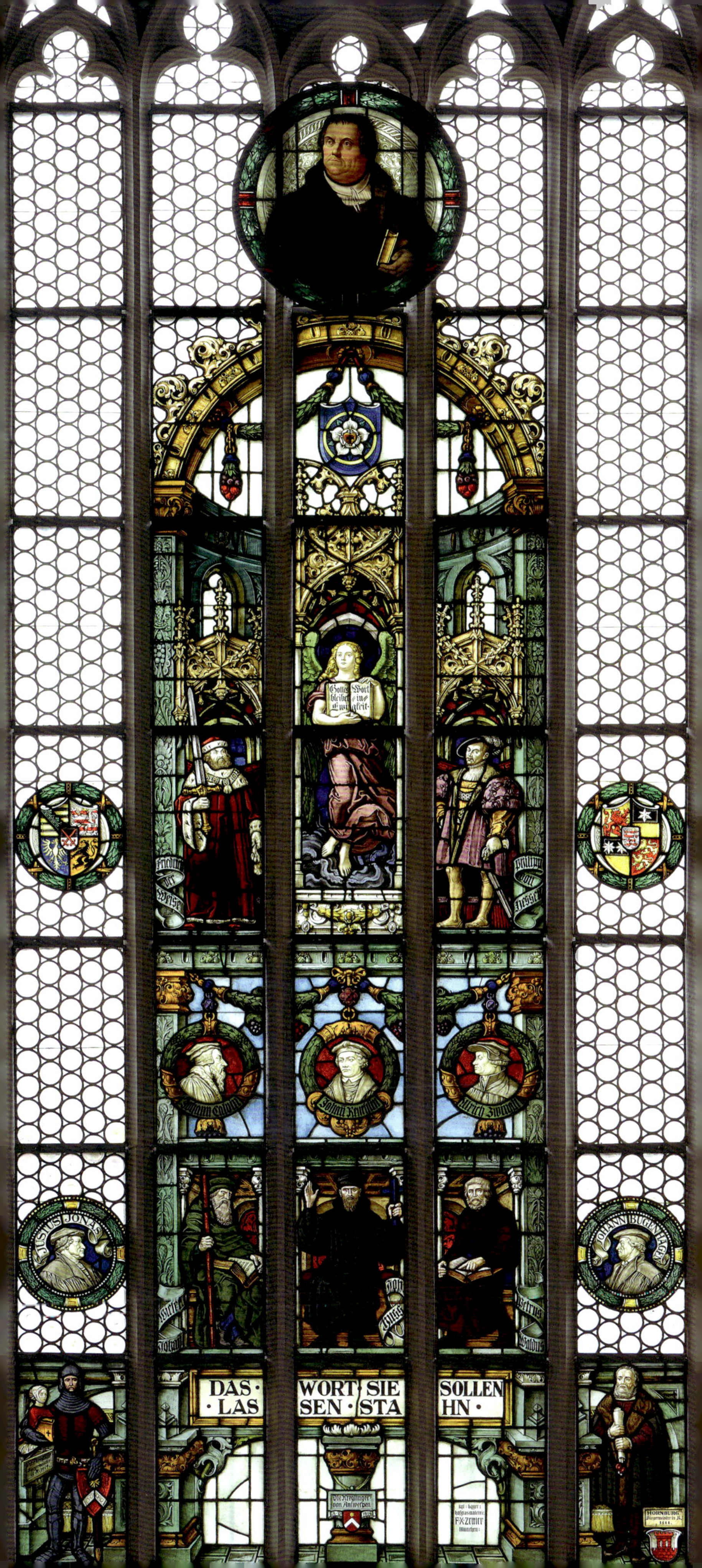
JUSTUS JONAS
JOHANN BUGENHAGEN
DAS · LAS
WORT SIE SEN STA
SOLLEN HN ·

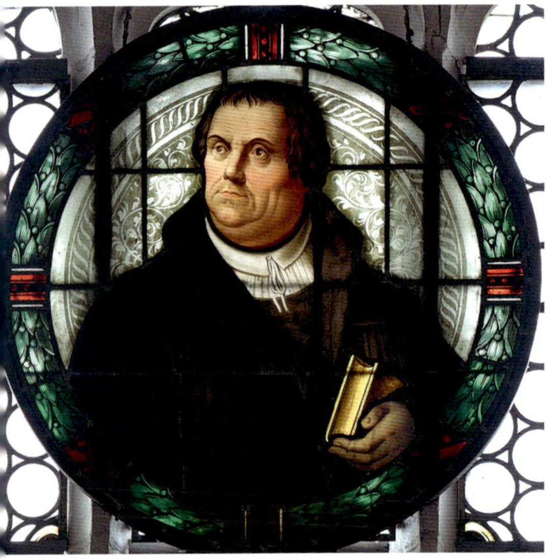

5 Häuptlein-Kapelle (Langhaus nord X): Lutherfenster

Stifter: Familie Kreglinger von Antwerpen. Ausführung: Stephan Kellner 1854 und Kgl. Bayerische Hofglasmalerei F. X. Zettler 1914.

Das Fenster ergänzt das Bildnis Luthers um eine Zusammenschau namhafter Protagonisten der Reformation sowie deren Vorläufer. Die breite, auf alle fünf Fensterbahnen ausgedehnte Sockelzone der hoch aufragenden Renaissancearchitektur zeigt mittig in großen Lettern die an Psalm 41 angelehnte erste Liedzeile der vierten Strophe aus Luthers berühmtem Kirchenlied „Ein feste Burg ist unser Gott". Präsentiert wird das Fenster zum einen von Johannes Hornburg (1496–1571), dem amtierenden Bürgermeister im Jahr 1544, der Einführung der Reformation in Rothenburg, auf der rechten Seite[66]. Ihm gegenüber ist in Anlehnung an die Grabplatte des 1404 verstorbenen Bürgermeisters Peter Kreglinger in der Franziskanerkirche dessen Bild mit Wappen und Helmzier dargestellt[67], einem mutmaßlichen Ahnherrn der aktuellen Fensterstifter, der Kreglinger von Antwerpen (Abb. unten)[68].

Das erste Geschoss versammelt im Zentrum nebeneinander in architektonischen Nischen die Protoreformatoren John Wicliff, Jan Hus und Petrus Waldus. In den Bildnismedaillons der Außenbahnen sind mit Justus Jonas und Johann Bugenhagen zwei Weggefährten Luthers von Lorbeerkränzen umgeben dargestellt, ergänzt um entsprechend gezierte Medaillons für Johannes Calvin, Johannes Reuchlin und Ulrich Zwingli (Abb. rechts).

Im oberen Geschoss erscheinen Friedrich der Weise, Kurfürst von Sachsen, und Philipp der Großmütige, Landgraf von Hessen, zwei der bedeutendsten Unterstützer der protestantischen Lehre und Vorkämpfer der Reformation im Deutschen Reich (Abb. S. 60). In der Mittelbahn verkündet ein Engel im aufgeschlagenen Buch die ewige Gültigkeit von Gottes Wort.

Im abschließenden offenen Rundbogen schwebt unter Girlanden der Wappenschild mit der Lutherrose, die der Reformator selbst als „ein Merkzeichen meiner Theologie" bezeichnet hat: „Das erst sollt ein Kreuz sein, schwarz im Herzen, das seine natürliche Farbe hätte, damit ich mir selbst Erinnerung gäbe, daß der Glaube an den Gekreuzigten uns selig machet. Denn so man von Herzen glaubt, wird man gerecht. Ob's nun wohl ein schwarz Kreuz ist, mortifizieret und soll auch wehe tun, dennoch läßt es das Herz in seiner Farbe, verderbt die Natur nicht, das ist, es tötet nicht, sondern erhält lebendig. [...] Solch Herz aber soll mitten in einer weißen Rosen stehen, anzuzeigen, daß der Glaube Freude, Trost und Friede gibt, darum soll die Rose weiß und nicht rot sein; denn weiße Farbe ist der Geister und aller Engel Farbe. Solche Rose stehet im himmelfarben Felde, daß solche Freude im Geist und Glauben ein Anfang ist der himmlische Freude zukünftig,

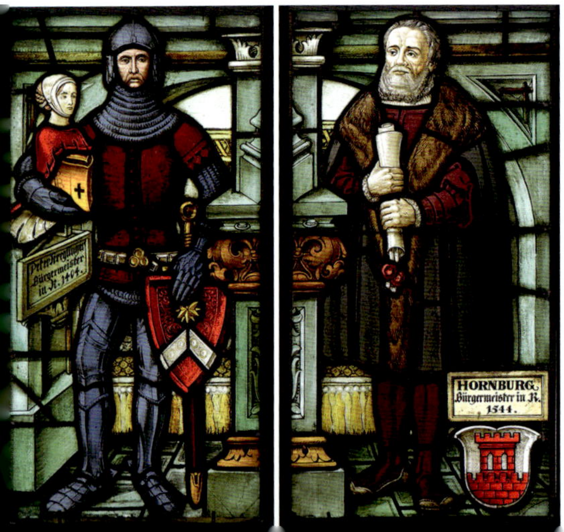

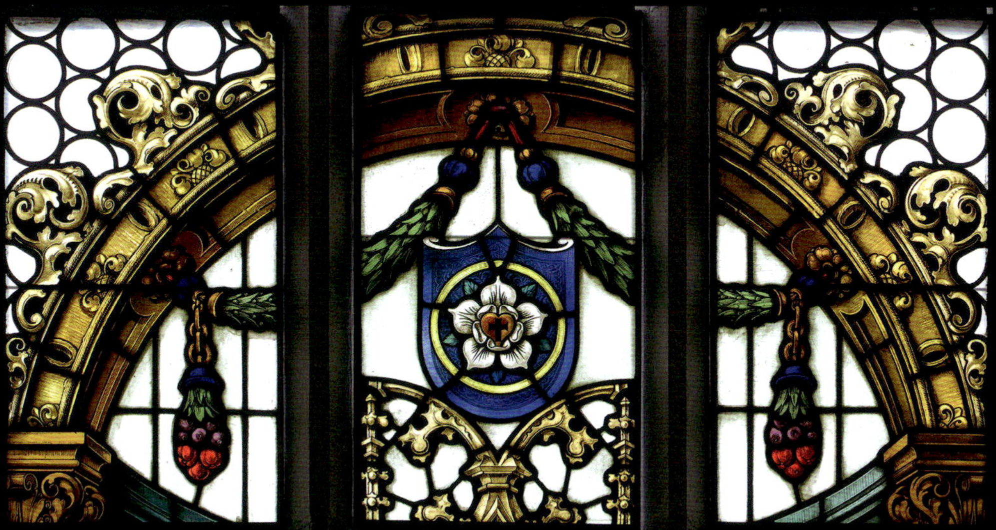

Im Zentrum des Rundbogens steht die Lutherrose, von Luther selbst in einem Brief an Lazarus Spengler von 1530 als „Merkzeichen meiner Theologie" bezeichnet (Zitat S. 58).

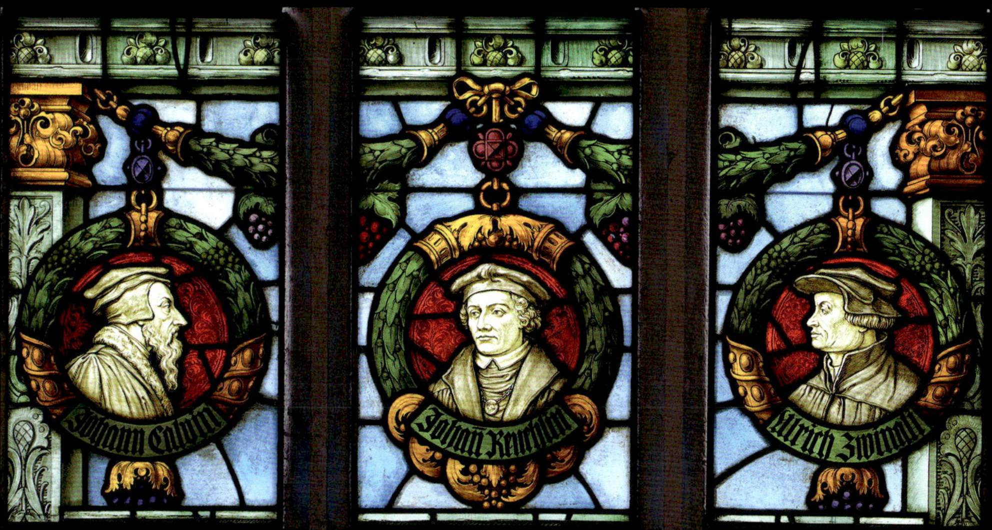

Die Bildnismedaillons basieren nur indirekt auf historischen Darstellungen der Reformatoren. Vielmehr orientierte man sich in der Münchner Werkstatt Zettler für den Entwurf der Porträts von Johannes Calvin (1509–1564), Johannes Reuchlin (1455–1522) und Ulrich Zwingli (1484–1531) offenbar am Wormser Lutherdenkmal Ernst Rietschels von 1868 bzw. an diesbezüglichen Reproduktionsstichen.
Dasselbe gilt für die Darstellung der Vorläufer Petrus Waldus († vor 1218), John Wicliff († 1384) und Jan Hus († 1415) sowie die Standfiguren Friedrichs des Weisen und Philipps des Großmütigen, doch diese sind dem Vorbild freier nachempfunden worden.

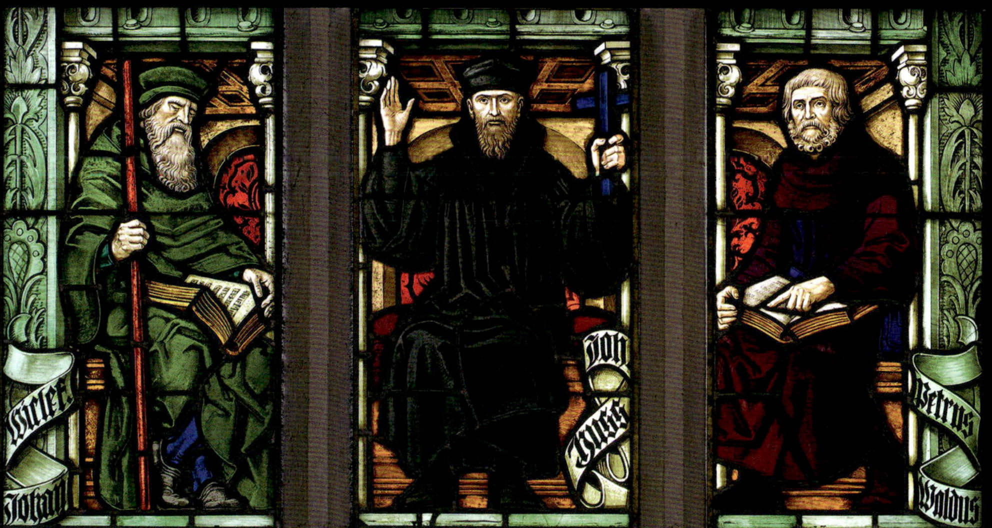

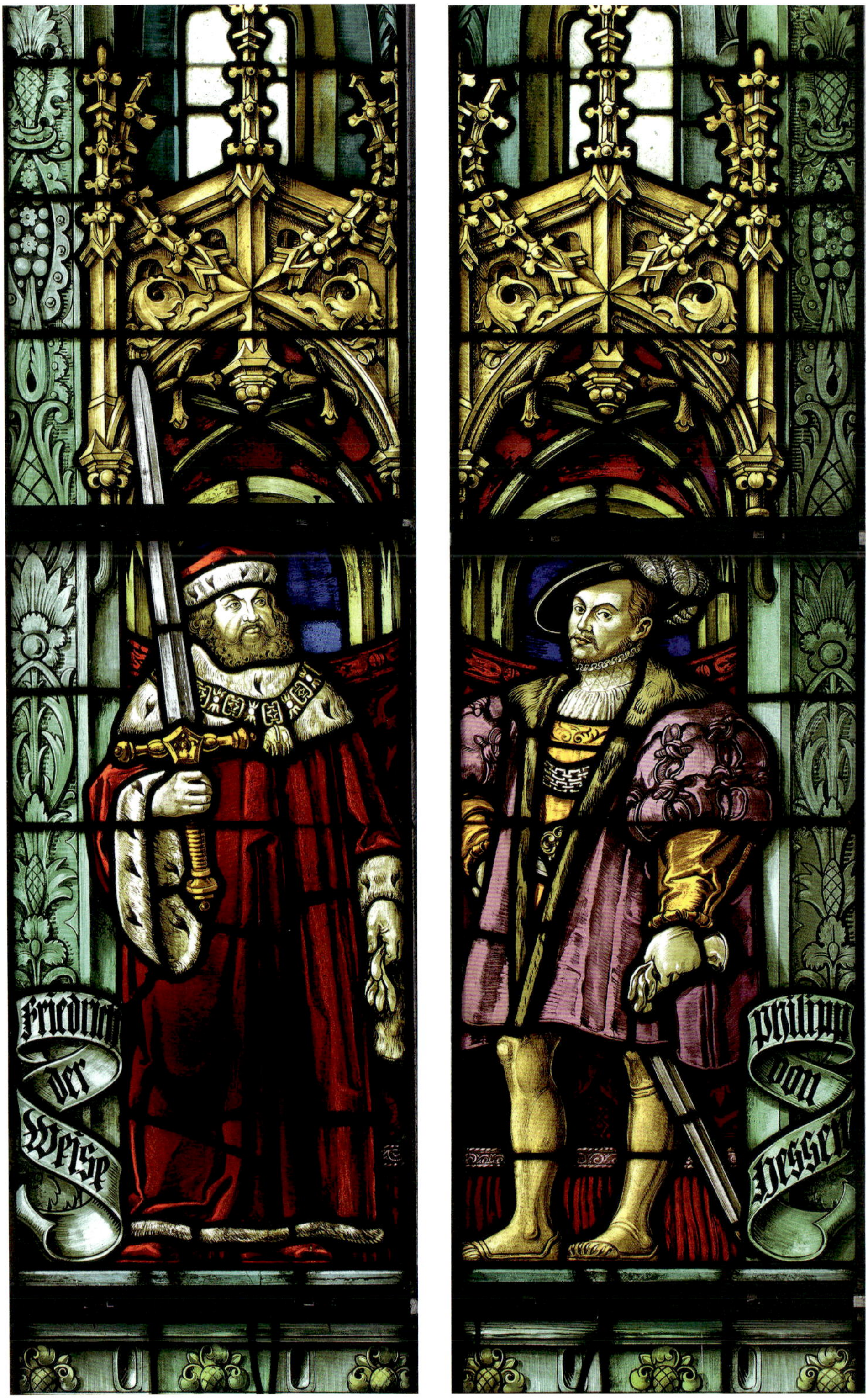

Im Obergeschoss des Lutherfensters erscheinen die Standfigurenporträts von zwei der bedeutendsten Unterstützer und Parteigänger der Reformation unter den Fürsten des Heiligen Römischen Reichs Deutscher Nation: Links: Kurfürst Friedrich der Weise von Sachsen (1463–1525), der Martin Luther nach dem Reichstag von Worms entführen ließ und vor der Kirchengerichtsbarkeit ebenso wie vor dem Vollzug der kaiserlichen Acht auf der Wartburg bei Eisenach Asyl gewährte. Unter dem Pseudonym eines „Junker Jörg" hielt sich Luther dort 1521/22 vor der Welt verborgen und nutzte die Zeit u.a. zur Übersetzung des Neuen Testaments ins Deutsche. – Rechts: Philipp der Großmütige (1504–1567), Landgraf von Hessen, war 1531 Mitbegründer des Schmalkaldischen Bundes, der sich nach der Ablehnung der „Confessio augustana" auf dem Augsburger Reichstag 1530 durch die Katholiken und Kaiser Karl V. gegen deren Religionspolitik zusammenschloss und die Bündnispartner im Fall katholischer Angriffe „in sachen religion" zu gegenseitiger Hilfe verpflichtete.

jetzt wohl schon drinnen begriffen und durch Hoffnung gefasset, aber noch nicht offenbar. Und in solch Feld einen goldenen Ring, daß solch Seligkeit im Himmel ewig währet und kein Ende hat und auch köstlich über alle Freude und Güter, wie das Gold das höchste, köstlichste Erz ist“[69].

6 Wernitzer-Kapelle (Langhaus nord IX): Melanchthonfenster

Stifter: Familie Kreglinger von Antwerpen. Ausführung: Stephan Kellner 1854 und Kgl. Bayerische Hofglasmalerei F. X. Zettler 1914.

Das Fenster für den neben Luther wichtigsten kirchenpolitischen Akteur der Wittenberger Reformation und dessen engsten Parteigänger, Philipp Melnchthon (1497–1560), ist weniger aufwendig gestaltet als das Gegenstück in der Häuptlein-Kapelle. Unterhalb von Kellners großem Rundmedaillon mit dem Bildnis des einflussreichen Humanisten und Bildungsreformers erhebt sich die Triumphbogenarchitektur mit den Personifikationen der drei christlichen Tugenden Glaube, Liebe und Hoffnung. Im Zentrum des Bogens und durch ihre Größe hervorgehoben präsentiert *Fides* das Kreuz und den Kelch mit dem Blut Christi als Zeichen der Erlösung für alle, die an Christus glauben. Auf der Attika des Triumphbogens stehen links *Caritas*, gekennzeichnet durch die liebende Fürsorge für ihre Kinder, und rechts *Spes* mit dem rettenden Anker als Sinnbild der Hoffnung. Dazwischen unter dem Bild Melanchthons ist dessen Wappen mit der Ehernen Schlange eingefügt, die als attestamentlicher Typus der Kreuzigung Christi für eine Theologie steht, die das Kreuz Christi ins Zentrum stellt (Abb. S. 62).
Den tragenden Säulen vorgeblendet sind die Wappen wichtiger Orte im Leben Melanchthons und für die Geschichte der Reforma-

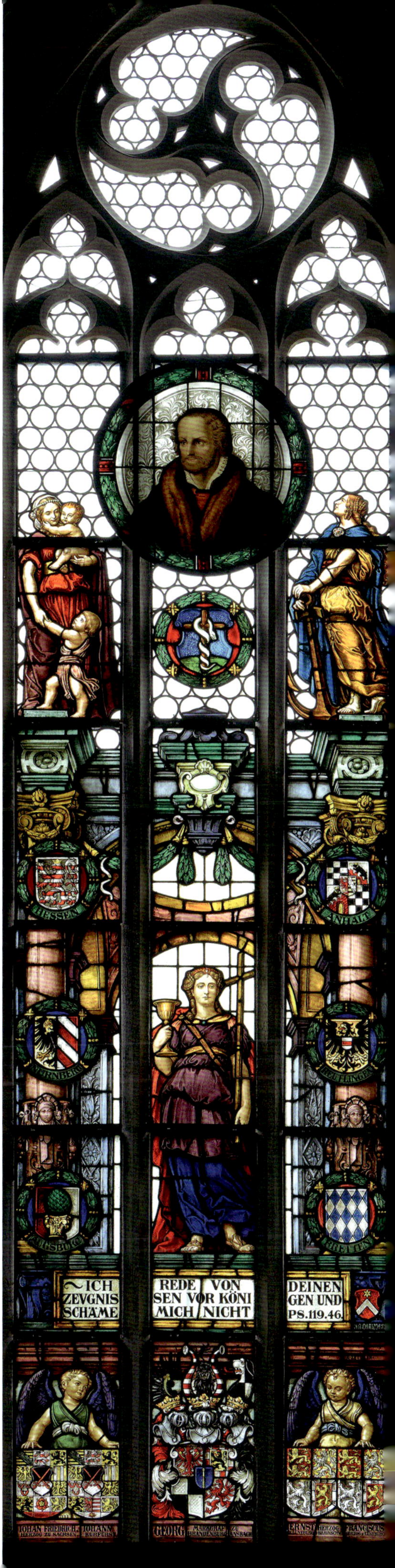

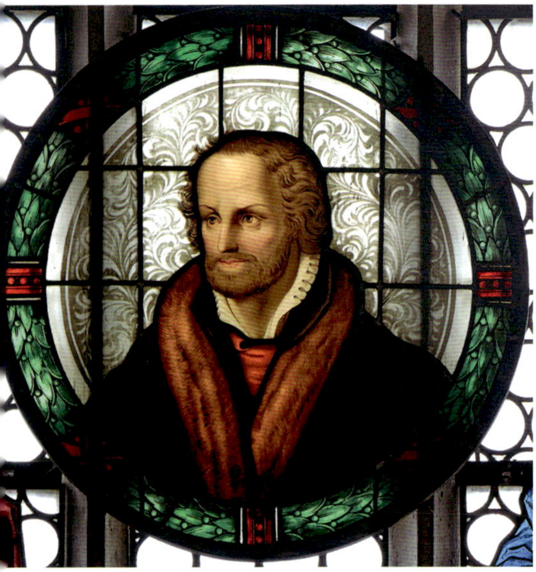

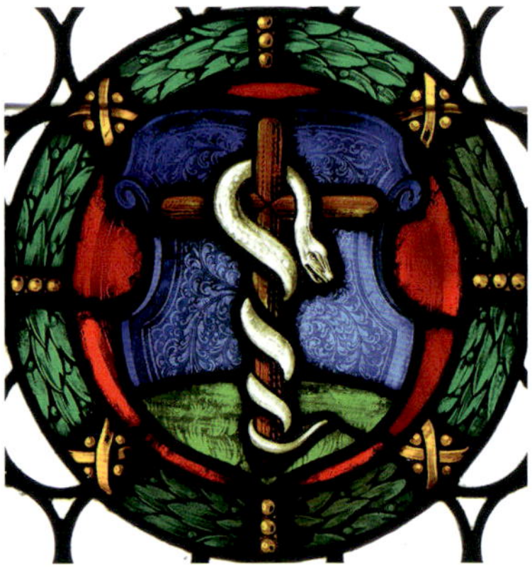

tion: In Bretten ist er geboren, das Wappen von Augsburg steht für das 1530 von Melanchthon verfasste „Augsburger Bekenntnis“ (*Confessio Augustana*), das grundlegende Bekenntnis der lutherischen Reichsstände zu ihrem Glauben. Dieses wurde am 25. Juni 1530 auf dem Reichstag zu Augsburg Kaiser Karl V. von den Reichsständen der lutherischen Reformation dargelegt und diente als Toleranzgrundlage des Augsburger Religionsfriedens[70].

Alle übrigen Wappen vertreten die lutherischen Reichsstände, die sich als Erstunterzeichner der Augsburger Konfession angeschlossen hatten: auf den Säulen die Landgrafschaft Hessen, das Fürstentum Anhalt-Köthen und die Reichsstädte Nürnberg und Reutlingen. Besonders hervorgehoben sind in der Sockelzone die mächtigsten Fürsprecher des neuen Glaubens (Abb. unten): links und rechts von Engeln gehalten die Wappenschilde von Johann dem Beständigen, Kurfürst von Sachsen (1468–1532), Johann Friedrich dem Großmütigen, Herzog von Sachsen (1503–1554), Ernst I., Herzog zu Lüneburg (1497–1546), und Franz, Herzog von Braunschweig-Lüneburg

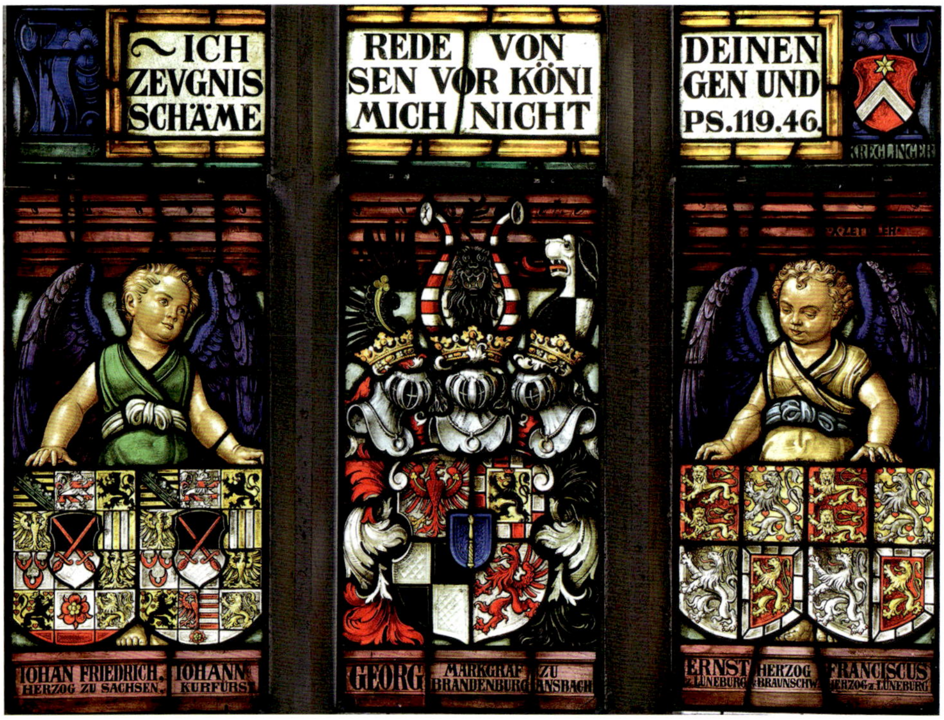

(1508–1549). Die mittlere Fensterbahn beherrscht das Vollwappen mit dreifacher Helmzier des Markgrafen Georg von Brandenburg-Ansbach aus dem Haus Hohenzollern, genannt der Fromme (1484–1543), ein früher Anhänger Martin Luthers, der die Reformation in seinen fränkischen Territorien entschlossen einführte. Sein viergeteilter Schild zeigt in Feld 1 das Wappen Brandenburgs, in 2 das der Burggrafen von Nürnberg, in 3 den Zollernschild und in 4 das Wappen von Stettin. Das Herzschild zeigt in Blau das goldene Szepter der Kurwürde des Reichskämmereramtes, die den Nürnberger Burggrafen zusammen mit der Belehnung der Mark Brandenburg 1415/17 auf dem Konstanzer Konzil von Kaiser Sigismund übertragen worden war[71].

Die Inschrifttafel mit dem Vers aus Psalm 119,46 in der Übersetzung Luthers wird wiederum flankiert durch das kleine Wappen der Stifterfamilie Kreglinger.

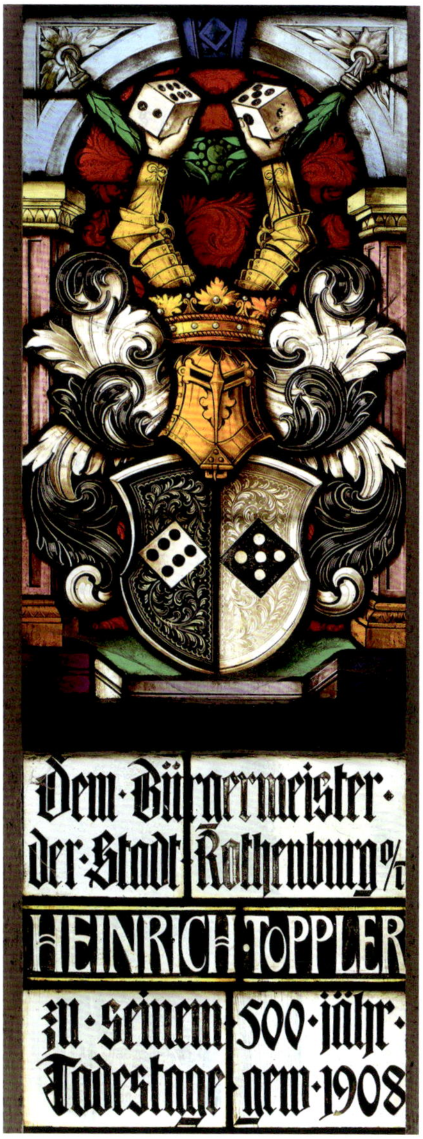

7 Toppler-Kapelle (Langhaus süd IX): Gedächnis für Heinrich Toppler

Stifter: Stadt Rothenburg o.d.T.
Ausführung 1908.

Die gegenüber im Südseitenschiff befindliche Toppler-Kapelle bewahrt in ihrem Fenster nur einige wenige Wappenscheiben. Neben vier Rundwappen des Reichs, der Reichsstadt Rothenburg, der Herren von Sulz bzw. Grafen von Rothenburg-Comburg[72] steht an zentraler Stelle das Wappen des langjährigen Bürgermeisters Heinrich Toppler (um 1340–1408), das in Erinnerung an dessen 500. Todestag 1908 gestiftet wurde. Toppler zählt zu den herausragenden Gestalten der Rothenburger Geschichte. Er gilt als kraftvolle Persönlichkeit und weitsichtiger Politiker, der die Geschicke der Stadt sowohl mit den als auch gegen die Mächtigen seiner Zeit entschieden zu befördern suchte. Als Parteigänger des 1402 abgesetzten Königs Wenzel zog er sich den unversöhnlichen Hass König Ruprechts zu. Der unglückliche Verlauf des Kriegs mit dem Nürnberger Burggrafen und eine konfrontative Bündnispolitik besiegelten schließlich Topplers Niedergang. Unter nicht ganz geklärten Umständen wurde er 1408 vom Rat der Stadt gefangengesetzt und kam im Kerker zu Tode.
Neben seiner Rolle als führender Kopf im Stadtregiment hat Toppler sich als großer Förderer um die Jakobskirche verdient gemacht. In das Jahr seiner ersten Amtszeit im inneren Rat 1373 fällt kaum zufällig der Baubeginn des Langhauses, in dem er ein Joch im Südseitenschiff als Familienkapelle ausstatten ließ, und mehrere Messstiftungen von 1388 bezeugen sein anhaltendes Engagement für die Hauptkirche seiner Stadt[73].

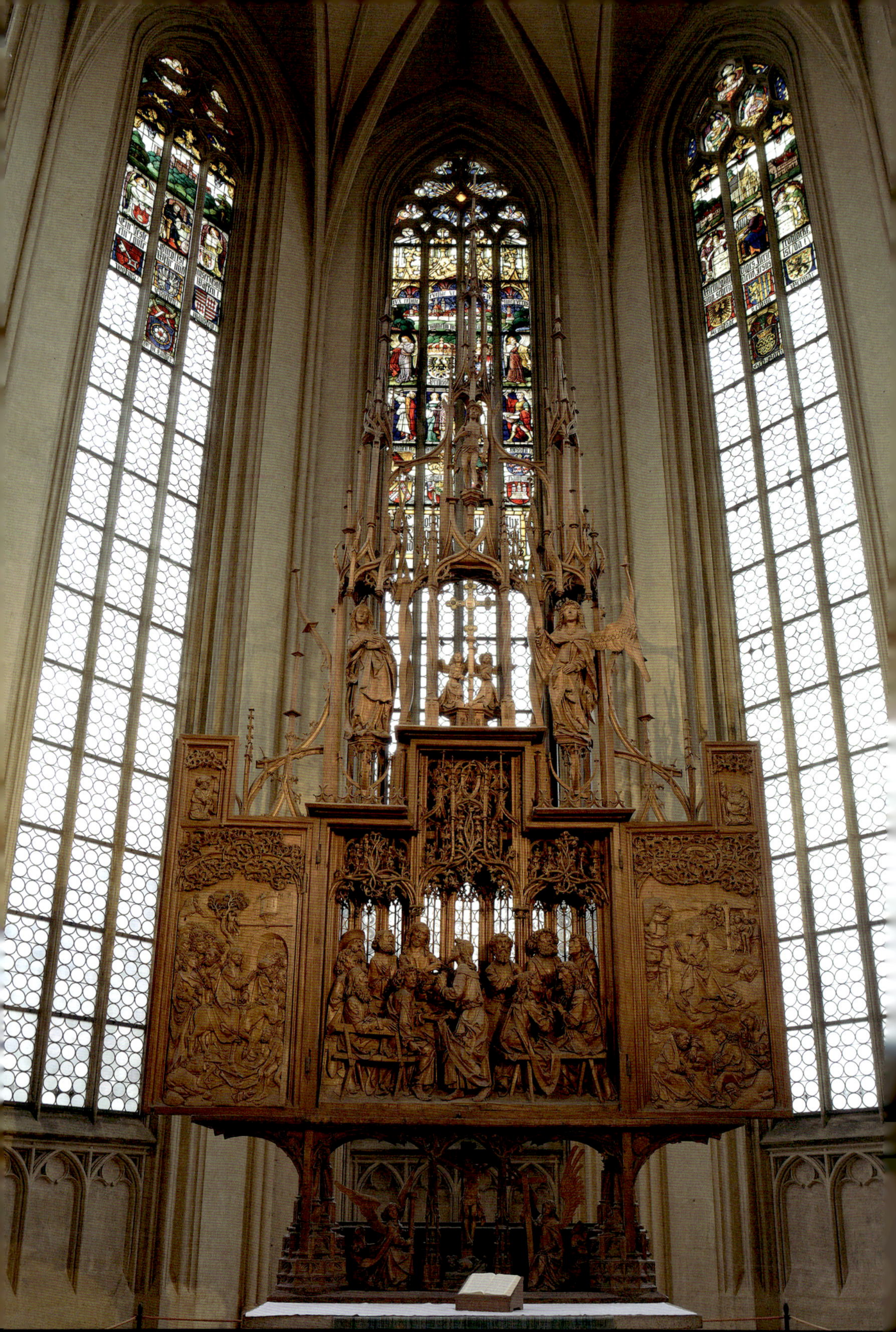

Die farblose Butzenverglasung des rückseitig in kleinen Fenstern geöffneten Altarschreins als Ort des Letzten Abendmahls in Tilman Riemenschneiders Heilig-Blut-Altar von 1499–1505, kommt erst richtig zur Geltung vor der Folie ebenfalls blank verglaster Fenster des Westchors dahinter. Wie sich die Situation nach dessen Vollendung 1471 darstellte, wissen wir nicht. Die historistische Neuverglasung von 1910 rückte die farbigen Glasmalereien in die oberen Partien, doch der Anlass dafür war nicht etwa die Rücksicht auf das Altarretabel. Vielmehr wurden nur die Teile farbig verglast, die vom Kirchenraum aus gesehen nicht durch den neuen Orgelprospekt verdeckt wurden.

Die partielle Farbverglasung der Westempore

Initiiert durch den Organisten von St. Jakob, Ernst Schmidt (1864–1936), bezahlt aus Erlösen einer Lotterie sowie Zustiftungen des Rothenburger Kinderwagen-Fabrikanten Hans Heinrichmaier (1858–1928) u.a.[74]. Ausführung: Kgl. Bayerische Hofglasmalerei F. X. Zettler 1910/11, u.a. nach Entwürfen von Ferdinand Wagner d.J.
Die Chorschlussfenster der Heilig-Blut-Empore sind nur in den oberen Fensterzeilen mit farbigen Glasgemälden geschmückt:

8 Das vierbahnige Mittelfenster, dessen Glasmalereibestand durch das hohe Gesprenge von Riemenschneiders Heilig-Blut-Altar in Teilen verdeckt wird, ist der Ehrerbietung gegenüber jenen Herrschern des Deutschen Reichs gewidmet, die ihre Erlaubnis und Unterstützung für die Lotterie zugunsten der Verglasung des Westempore nicht versagt hatten: an erster und oberster Stelle Kaiser Wilhelm II., auf dessen höchstpersönlichen Wunsch die vorgesehenen Renaissanceformen eines ersten Entwurfs durch eine Rahmung nach gotischer Art ersetzt worden waren. Ihm zur Seite erscheint der bayerische Kronprinz Luitpolt, gefolgt von Baden und Württemberg, Sachsen und Hessen, Elsass-Lothringen, Sachsen-Meiningen, Sachsen-Coburg und Hamburg. Die monumentale Inschrift der 8. Zeile zitiert aus Psalm 148: „Lobet den Herrn ihr Koenige auf Erden und alle Voelker“ und scheint sich wie ein Appell an die besagten Herrschaften zu wenden, deren Wappen in der 9. und 11. Zeile versammelt sind.
Die Zeilen darüber veranschaulichen die verschiedenen Gruppen von Jungen und Mädchen, Alten und Jungen, die dem Psalm zufolge in den Lobgesang Gottes einstimmen sollen, mitsamt seinen Engeln und Scharen. Als verbindendes Motiv zu den beiden Seitenfenstern ist unter der neugotischen Architekturbekrönung der abschließenden Zeile ein Panorama Rothenburgs (nach Matthias Merian) ausgebreitet.

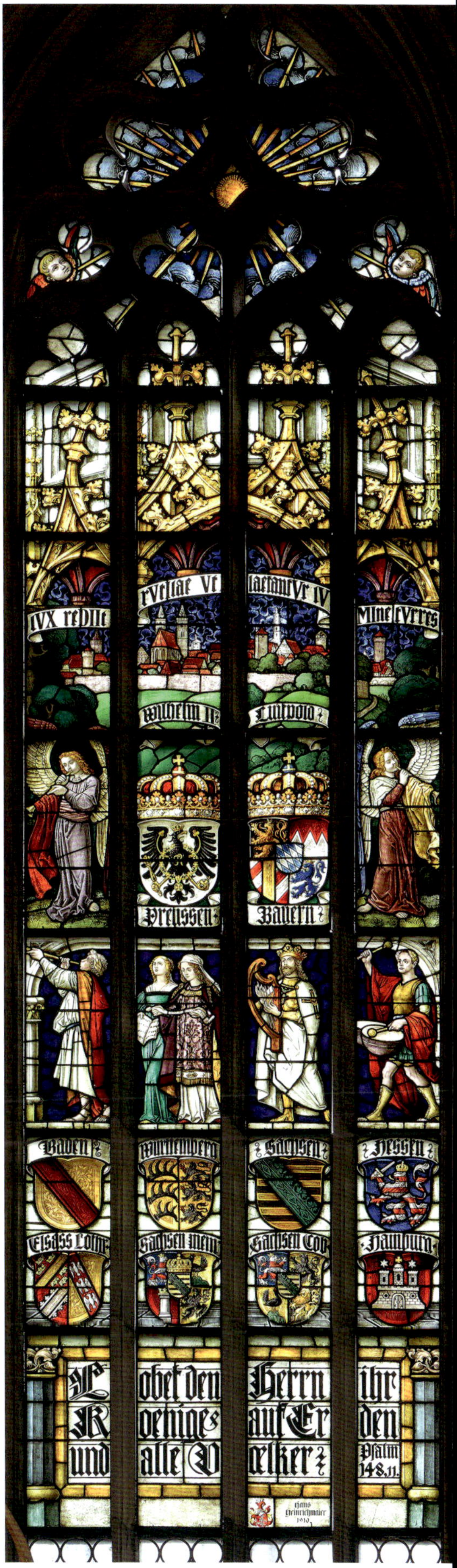

Das geschwungene Schriftband oberhalb der Stadtansicht zitiert das lateinische Chronostichon (Chronogramm) – *LVX reDIIt rVtILae Vt LaetantVr LVMIne tVrres* (Das Licht ist zurückgekehrt, damit die rötlichen Türme sich am Licht erfreuen) – aus der Gedenkmedaille zur 200-Jahrfeier der Einführung der Reformation in Rothenburg von 1744[75]. Die durch Großschreibung hervorgehobenen Buchstaben sind als römische Zahlen zu lesen und ergeben in der Summe die Jahreszahl 1744.

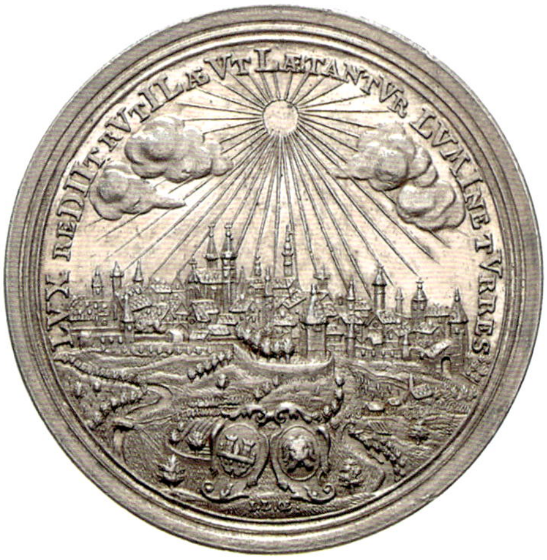

Medaille mit Chronogramm auf die 200-Jahrfeier der Reformation in Rothenburg. Stadtansicht von Westen unter den Strahlen des göttlichen Lichtes, die auch im Maßwerk des Mittelfensters aufgegriffen wurden. Unten zwei Stadtwappen. 1744, von Johann Leonhard Oexlein.

Die beiden Flankenfenster sind den wichtigsten Stationen im Leben Martin Luthers und Johann Sebastian Bachs gewidmet, dem Schöpfer des evangelischen Kirchenlieds einerseits und dem bedeutendsten Repräsentanten der protestantischen Kirchenmusik andererseits.

9 Im linken Fenster ist unter der Ansicht der Wartburg – Luthers Zufluchtsort nach seinem Auftritt vor Kaiser Karl V. und den versammelten Reichsständen auf dem Reichstag in Worms am 17./18. April 1521, wo schließlich die Reichsacht über ihn verhängt worden war – der Reformator selbst in der Stube bei der Niederschrift seines bekanntesten Kirchenlieds zu erkennen. Das Wappen mit dem Bild des Heiligen Georg, das zu Füßen des rechten Engels steht, ist das der Wartburgstadt Eisenach. Das Wappen zu Füßen des linken Engels vetritt die Lutherstadt Wittenberg. Die monumentale Schrift darunter zitiert einmal mehr den 1. Vers des von Luther selbst verfassten Kirchenlieds „Ein' feste Burg ist unser Gott / ein' gute Wehr und Waffen!". Die anschließenden Wappen stehen für Luthers Gebursstadt Eisleben, das Mansfelder Land und die Stadt Worms, wo Luther 1521 zum Widerruf gezwungen werden sollte. Zuunterst folgt der Schild mit der Lutherrose als persönliches Merkzeichen seiner Theologie, das als kleines Emblem auch die Vorderseite des Schreibpults ziert (s. hierzu bereits das Selbstzeugnis Luthers auf S. 58/61).

10 Im rechten Flankenfenster erkennen wir unter der Ansicht der Leipziger Thomaskirche und Thomasschule, seiner langjährigen Wirkungsstätte, Johann Sebastian Bach an der Orgel, wie Luther von Engeln begleitet, die nun Tafeln mit Notationen seiner Werke präsentieren (Abb. S. 69). Die monumentale Schrift darunter zitiert aus Bachs Kantate BWV 68 „Mein gläubiges Herze frohlocke, / sing, scherze, dein Jesus ist da!". Es folgen die Wappen von Arnstadt, Weimar und Leipzig, wo Bach die längste Zeit von 1703–1707 bzw. 1708–1717 als Organist und Konzertmeister und schließlich 1723–1750 als Thomaskantor und Musikdirektor gewirkt hat. Zuunterst steht auch hier wieder das persönliche Wappen mit dem von Bach selbst entworfenen Siegel, den spiegelbildlich ineinander verwobenen Anfangsbuchstaben seines Namens, *JSB*.

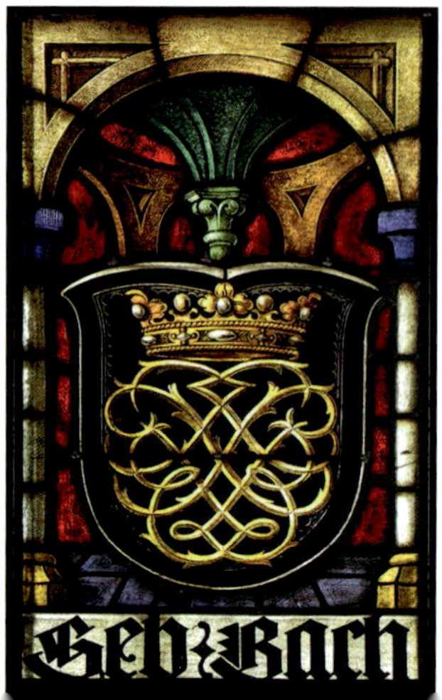

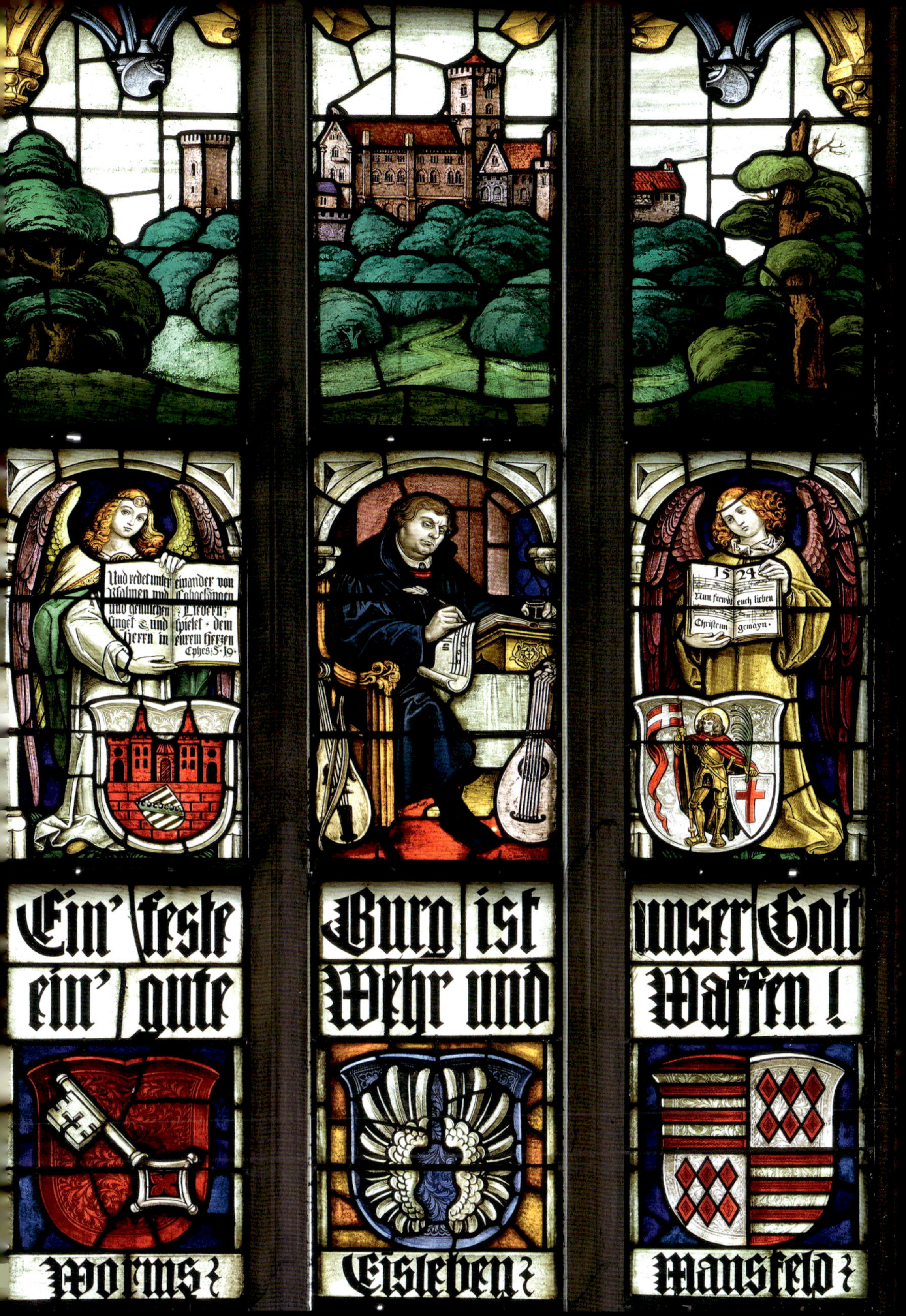

9 *Im südlichen Flankenfenster der Westempore ist Luther bei der Arbeit an jenem symbolträchtigen Kirchenlied zu sehen, dessen 1. Vers in monumentalen Lettern den Gläubigen weithin sichtbar vor Augen steht. Das Notenblatt auf dem Pult sowie die abgestellten Instrumente Laute und Viola da Gamba zu beiden Seiten deuten an, dass Luther neben dem Text auch für die Vertonung verantwortlich war, eine Einschätzung, die in der Forschung allerdings zurückhaltend beurteilt wird. Heute gilt eher die Meinung, dass die Melodie ein Gemeinschaftswerk Luthers und des Komponisten Johann Walter (1496–1570) gewesen ist, wenn sie nicht sogar überwiegend von Walter stammt*[76].

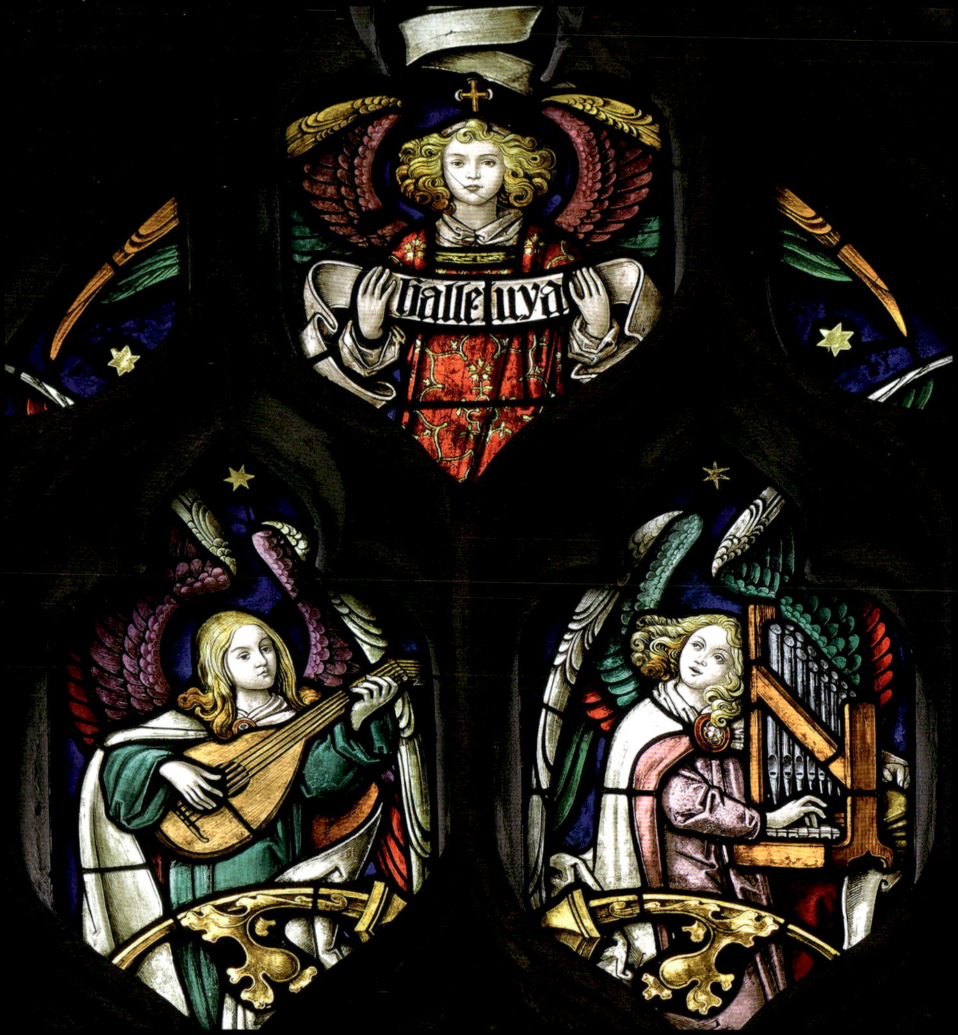

10 *Musizierende Engel zählen in der abendländischen Glasmalerei zu nahezu allen Zeiten zum Standardrepertoire. Sie bevölkern bevorzugt die peripheren Zonen im Fenster, sei es in den Architekturbekrönungen oberhalb von heilsgeschichtlichen Szenen, sei es in den abschließenden Maßwerkspitzen. Stets verkörpern sie das vielstimmige und immerwährende Lob Gottes, der seinen Sohn Jesus gesandt hat, um durch dessen Leiden die Welt zu erlösen. Auf die Menschwerdung und Passion Christi verweisen auch die beiden prominent ins Bild gesetzten Notenblätter mit den Strophen „Brich an o schönes Morgenlicht“ und „O Haupt voll Blut und Wunden“.*

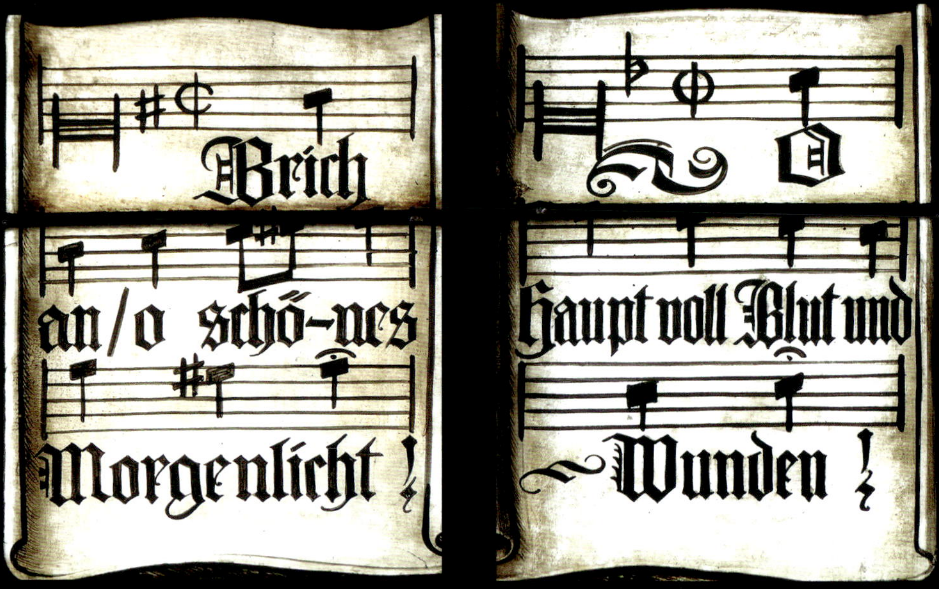

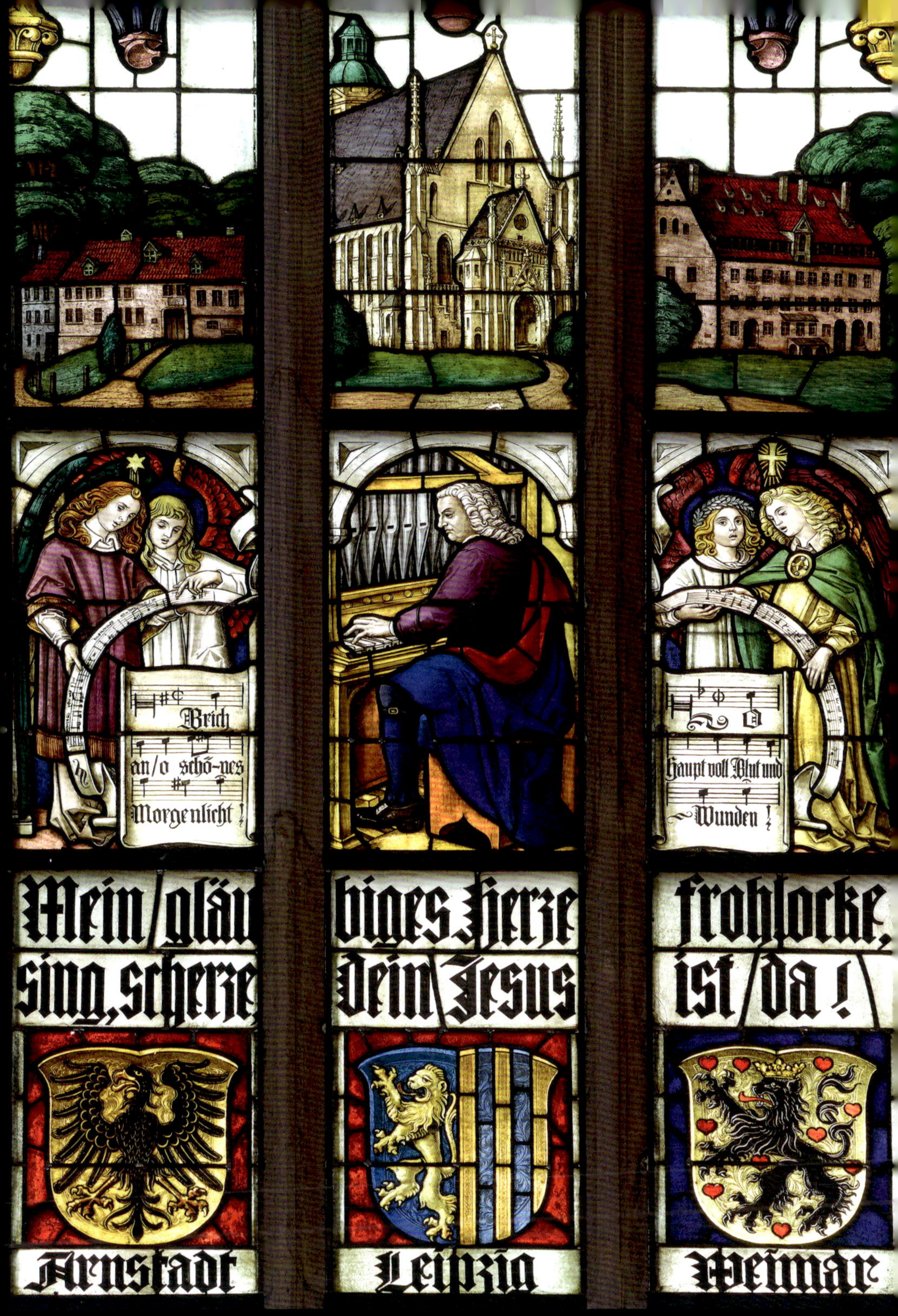

10 *Das Werk Johann Sebastian Bachs gilt heute als Gipfelpunkt der lutherischen Kirchenmusik und als „musikalischer Ausdruck der Reformation". Das Fenster zeigt den Thomaskantor und Organisten unter dem Bild seiner bedeutendsten Wirkungsstätte, der Leipziger Thomaskirche nebst Thomasschule, und seines Geburtshauses in Eisenach. Die singenden Engel mit den Notationen zweier Choräle aus dem Weihnachtsoratorium und der Matthäuspassion scheinen hier gleichsam anstelle des Thomanerchors aufzutreten, sind indes als Sinnbild für die Sicht der Nachwelt auf Bachs Musik als Glaubensbekenntnis und Gottesdienst zu verstehen. Dies kommt auch im Text der Arie aus der Kantate „Also hat Gott die Welt geliebt" zum Ausdruck, der in großen Lettern gewissermaßen Bachs Lebensmotto artikuliert. „Mit seiner Musik predigt er den Glauben so wie die heiligen Schriften es mit Worten tun."*[77]

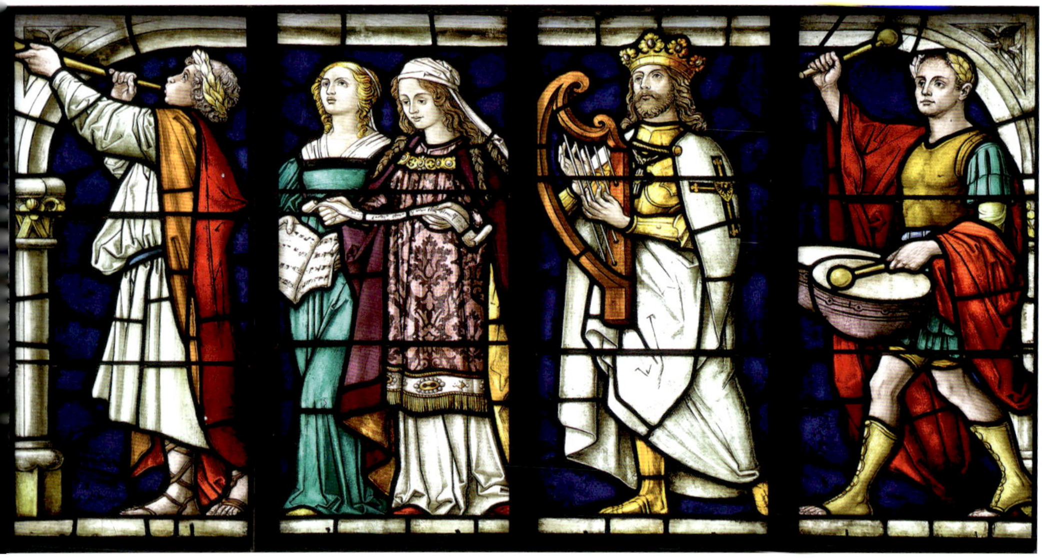

Das Bildprogramm der drei Chorschlussfenster der Westempore wird bestimmt durch ein Thema: Musik. Dies muss nicht weiter verwundern, gilt doch der städtische Musikdirektor und Organist der Jakobskirche, Ernst Schmidt, als der eigentliche Initiator der Verglasung[78].
Zudem war auf der Westempore erst wenige Jahre zuvor, am 9. Juli 1905, eine neue große Orgel geweiht worden, deren neugotisches Gehäuse mit den beiden hohen seitlichen Pfeifenfeldern und dem niedrigeren Mittelteil bei der Platzierung der farbigen Glasmalereien insofern berücksichtigt wurde, als diese nur den oberen Teil der Westchorfenster füllen, den die Orgelsilhouette für den Betrachter aus dem Kirchenraum nicht verdeckte (Abb. unten)[79].

Das Generalthema klingt an mit Pauken, Harfen und Trompeten im Zug der Alten (hier vertreten durch den alttestamentlichen König David) mit den Jungen zum Lobpreis Gottes, wie in Psalm 148 Vers 12 gefordert, und gipfelt im „Halleluja" der Engelschöre in den Maßwerkspitzen. In den Fenstern für Martin Luther und Johann Sebastian Bach wird das Thema durch die weithin sichtbaren Textzeilen von Kirchenliedern und Kantaten programmatisch fortgeführt und durch Notenblätter, Gesangsbücher, Orgel, Viola und Laute reich instrumentiert.

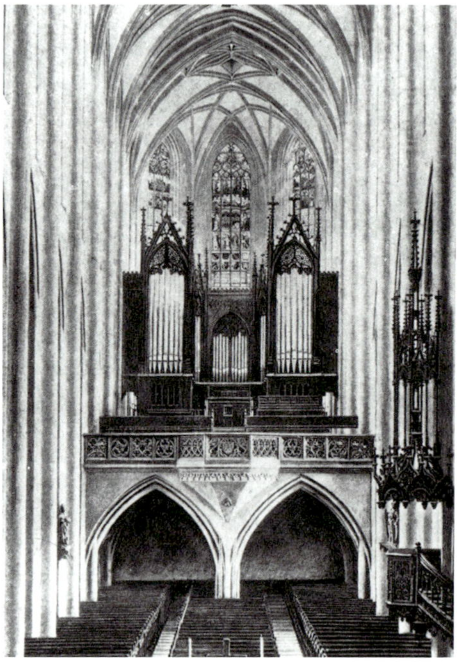

Blick aus dem Kirchenschiff zur Westempore mit der 1905 errichteten Steinmeyer-Orgel, die 1968 durch die moderne Rieger-Orgel ersetzt wurde.

Anmerkungen

1 RESS 1959, S. 76; vgl. KNIPPING 1989, S. 2, mit Hinweis auf ein Schreiben Bernd Beckers, Universität Hohenheim, vom 7. Jan. 1972 (Bayerisches Landesamt für Denkmalpflege, München). Eine Abschrift mit den Ergebnissen der dendrochronologischen Untersuchung befindet sich in der Bauhütte von St. Jakob; vgl. BINDING 1991, S. 170 (Anm. 348).

2 Nürnberg, Staatsarchiv, Rst. Rothenburg, MA U 198; SCHNURRER 1999, I, Nr. 551.

3 Zur Baugeschichte auch im Folgenden ausführlich RESS 1959, S. 76–93; Bauinschrift im Wortlaut S. 111.

4 Rothenburg, Stadtarchiv, Bürgerbuch Nr. 39, Bl. 31 und 28v; Nürnberg, Staatsarchiv, Rep. 200/I, Nr. 86; vgl. RESS 1959, S. 78.

5 Weniger wahrscheinlich ist das Jahr 1266, das in den Aufzeichnungen des Deutschordenspfarrers Johannes von Ellringen von 1442 genannt wird; SCHNURRER 1985, S. 90.

6 GÜMBEL 1908, S. 10–12; GÜMBEL 1909, S. 2; ALBERT 1922, S. 121–179; RESS 1959, S. 79, 82.

7 BAXANDELL 1980, S. 172–190; WELZEL 1991, S. 116-131; KAHSNITZ 2005, S. 222–237; zuletzt Thierry GREUB, „Tilman Riemenschneiders ‚Heilig-Blut-Altar' in Rothenburg o.d.T. Ikonographie, Funktion, Performanz, Platzierung", in: *Wallraf-Richartz-Jahrbuch* 79, 2018, S. 43–108. – Bau- und Restaurierungsmaßnahmen, die den vollständigen Verlust großer Teile des farbigen Fensterschmucks der Kirche (im Langhaus und auf der Westempore) zur Folge hatten, sind schon im 16. Jh. zu verzeichnen. Eine erste große Restaurierungswelle in St. Jakob, rund drei Jahrzehnte nach der Einführung der Reformation in Rothenburg (1544), betraf neben der dekorativen Ausmalung des Innenraums insbesondere die Versetzung des Heilig-Blut-Altars von der Westempore an den Chorbogen und den Einbau einer Musikempore, die im Ostchor auf einem Mittelpfeiler direkt hinter dem Laienaltar unter dem Chorbogen errichtet wurde. Im Verlauf des 17. Jh. wurde, ohne dass wir die Gründe dafür exakt benennen können, eines der kürzeren Langchorfenster der Nordseite (nord V) zugemauert und das steinerne Maßwerk in das vorletzte Westjoch der Langhaus-Südseite verschleppt. Die im Verlauf des 17. und 18. Jh. in St. Jakob angesammelte Fülle an Ausstattungsstücken – Epitaphien, Wappenschilde, Tafelgemälde und Steinfiguren – wurde im Zuge der langwierigen Purifizierung der Kirche ab 1825 zum größten Teil ebenso wieder entfernt wie die nachmittelalterlichen Einbauten an Orgelemporen und Musiktribünen. Vgl. ausführlich RESS 1959, S. 86–93; zuletzt MAYR 1985, S. 41–53.

8 Daten zur Lebensgeschichte zusammengestellt bei SCHNURRER 1977–81, S. 42–49.

9 WEISS 1991, S. 153 und S. 223. MILITZER [2]1981, S. 132, 172, 180, erwähnt noch einen Gottfried Lesch als Landkomtur des Deutschen Ordens in Österreich 1279–1283, eine Position, die 1306 und 1312 wiederum Hermann Lesch innehatte. Ein umfangreicher Verkauf von Grundbesitz der Leschen an den Deutschen Orden am 25. Juli 1353 zeugt zugleich für enge wirtschaftliche Verbindungen; vgl. auch WOJTECKI 1976, S. 55–113.

10 Nürnberg, Staatsarchiv, Rst. Rothenburg, MA U 850 (SCHNURRER 1999, II, Nr. 2812); vgl. RESS 1959, S. 78.

11 HAENLE 1871/72, S. 1–87; SCHUBART 1985, S. 123–128; SCHNURRER 2009, S. 17–23, 26–30; NASER 2016, S. 110–131.

12 HAENLE 1871/72, S. 59f.; WEIGEL 1921, S. 83; vgl. RESS 1959, S. 78, und SCHUBART 1985, S. 123–128.

13 Nürnberg, Staatsarchiv, Rst. Rothenburg, Rep. 200/III, Nr. 756: Bulla Bonifacii IX.; vgl. WEIGEL 1921, S. 83 bzw. Beil. 94, 101; ENGEL 1948, S. 65, Nr. 332.

14 Nürnberg, Staatsarchiv, Rst. Rothenburg, Rep. 200/III, Nr. 392; vgl. WEIGEL 1921, S. 128, Nr. 61.

15 Nürnberg, Staatsarchiv, Rst. Rothenburg, Rep. 200/III,
Nr. 1871/72; vgl. WEIGEL 1921, S. 136, Nr. 146f.

16 Das Patrozinium wird erstmals in einem Ablassbrief vom 13. Mai 1278 genannt (München, Bayerisches Hauptstaatsarchiv, Rst. Rothenburg, Urkunde Nr. 41; vgl. KNIPPING 1989, S. 103).

17 Auch der 1336 *uff der kapellen* erwähnte Fronleichnamsaltar dürfte mit einem Kultbild (des Schmerzensmannes oder einer Pietà), wenn nicht sogar mit einem entsprechenden Retabel – etwa in der Art des Nürnberger Reliquienaltärchens mit dem Schmerzensmann und ausgewählten Szenen der Passion Christi im Germanischen Nationalmuseum in Nürnberg – ausgestattet gewesen sein; vgl. STRIEDER 1993, S. 12–14, 166 (Nr. 3), und zuletzt Lisa ECKSTEIN und Daniel HESS in: HESS/ HIRSCHFELDER/ VON BAUM 2019, I, S. 43–56, Kat. Nr. 1.

18 Unbegründet sind demgegenüber die von WELZEL 1991, S. 120, geäußerten Zweifel an einem programmatischen Bezug von Fenster und Heilig-Blut-Reliquie zugunsten einer schlichten Erklärung durch die alltägliche Messfeier am Hauptaltar. Käme dies als zureichende Motivation in Frage, dann wäre auch von einer enormen Verbreitung des Bildthemas auszugehen, und zweifellos wäre dann auch eine größere Zahl entsprechender Darstellungen erhalten geblieben.

19 Doch wohl kaum in der Sakristei (RESS 1959, S. 77), wo eine Verehrung durch größere Gruppen von Wallfahrern nicht möglich gewesen wäre, wie SCHNURRER 1985, S. 91, zu Recht bemerkt.

20 Vgl. SCHOLZ 2002, II, S. 578–580, Regesten Nr. 101f., 110f., 113–116, 130–134.

21 Ein Akkord-Beleg von 1857 im Pfarrarchiv von St. Jakob, die Restauration der Jakobskirche betreffend, verzeichnet schließlich für die *Ausbesserung der 3 gemalten Fenster im Chor* gegenüber dem Kostenvoranschlag von 500 Gulden einen tatsächlichen Bedarf von rund 778 Gulden, davon *28 fl. 54xr für den Transport der Fenster nach Nürnberg u. zurück* (Rothenburg, Pfarrarchiv St. Jakob, Fach IX, No 12); vgl. SCHOLZ 2002, II, S. 580f., Regesten Nr. 135–138.

22 SCHOLZ 2002, II, S. 582–584, Regest Nr. 142.

23 BACHER 1979, S. 137. Zu früheren Beispielen in Wand- und Glasmalerei der Schweiz und den potentiellen Vorbildern in französischen Buchmalereien und Elfenbeinen vgl. bereits BEER 1956, S. 107, Taf. 60, bzw. Abb. 42 und 44. – Vgl. auch SCHILLER, II, [2]1983, Abb. 179.

24 Zu Entwicklung und Typen „kompositer" figür-

lich-ornamentaler Gesamtverglasungskonzepte vgl. SCHOLZ 1998, S. 51–62. Zuletzt zu diesem Thema ausführlich BURGER 2018, S. 130–159.

25 Obwohl die in beiden Scheiben identischen Muster mit Eichenblättern in Grisaille und farbigen Blattkaros nur mehr kleine Ausschnitte des ehemaligen Rapports vermitteln, ist das Ornament aufgrund der vorausgesetzten Regelmäßigkeit recht verlässlich zu rekonstruieren: Ein bei OIDTMANN 1912, S. 150, Abb. 256, in einer Nachzeichnung publiziertes Musterfeld aus der Glasmalerei-Sammlung des Reichsfreiherrn vom Stein, das aller Wahrscheinlichkeit nach zusammen mit weiteren figürlichen und ornamentalen Feldern der ersten Hälfte des 14. Jh. aus der Pfarrkirche zu Dausenau a. d. Lahn erworben worden war, zeigt im Kern den gleichen Rapport aus aufeinanderfolgenden gespitzten Blattkreuzen und regelmäßig eingestreuten Blattkaros.

26 Zur Verglasung der Dominikanerkirche in Colmar vgl. HÉROLD/ GATOUILLAT 1994, S. 271–274, Fig. 267, und BURGER 2018, S. 130–133, mit weiteren Beispielen dieser Art mit Schwerpunkt am Oberrhein, aber auch mit der zeitlich näher an Rothenburg heranreichenden Verglasung der Wiesenkirche in Soest.

27 Bezüge zur Esslinger Glasmalerei und zum Augsburger Thron-Salomonis-Fenster sind zuerst von WENTZEL 1951, S. 35, bzw. [2]1954, S. 39, vertreten worden und finden sich in der Folge vielfach wiederholt, teils bestätigt, teils zurückgewiesen. Einen werkstattmäßigen Zusammenhang zwischen den betreffenden Fenstern in Augsburg, Rothenburg und Regensburg haben zuerst SCHÜTZENMEIER 1983, S. 80f., DREXLER 1988, S. 180f., und FRITZSCHE 1992, S. 79–91, erkannt.

28 OIDTMANN 1896, S. 235f.

29 Zur Verglasung des Erfurter Domchors vgl. den vollständigen Abbildungsapparat bei DRACHENBERG 1983, zu den Fenster nord II und nord IV besonders Abb. 376–380 und Abb. 482.

30 BECKSMANN, *Glasmalerei*, 1995, S. 150. – Für einen Sitz der Werkstatt in Nürnberg scheint schließlich auch der Vergleich mit den Resten eines Passionsretabels im ehemaligen Zisterzienserkloster Heilsbronn, dem Hauskloster der Nürnberger Burggrafen, sowie einer Handschrift des Abtes Hermann von Kastl in der Gräflich Schönborn'schen Schlossbibliothek in Pommersfelden zu sprechen, für die jeweils die fränkische Reichsstadt als Entstehungsort erwogen wurde; SUCKALE 1993, S. 139, Abb. 123; STRIEDER 1993, S. 12–17, Abb. 5–7. Eine definitive Lokalisierung der Handschrift ist gleichwohl nicht möglich, da neben der Nähe zum Heilsbronner Passionsretabel und einer Reihe fränkischer Miniaturen auch „Elemente Regensburger Orientierung" festzustellen sind; hierzu SIMON 1978, S. 134–159, und SUCKALE 1993, S. 139. Hinzuweisen wäre etwa auf die zwei Initialminiaturen eines älteren Regensburger Antiphonars (um 1310 wohl zu früh datiert) oder auch die ganzseitigen Miniaturen eines Gebets- und Andachtsbuchs aus St. Emmeram in Regensburg, um 1330/40; vgl. Robert SUCKALE, in: Ausst.-Kat. Regensburg 1987, Kat. Nr. 74 und 77; HERNAD 2000, Kat. Nr. 23, Farbtaf. III, Abb. 58–65.

31 MARTIN 1927, S. 31–45, zur Herleitung der Werkstatt der Jakobskirche aus der Münchner Skulptur der Residenzkapelle besonders S. 43f.; ebenso SUCKALE 1993, S. 79f. und S. 86–89. – In die Baumaßnahmen der Nürnberger Deutschordenskirche dürfte Heinrich von Zipplingen, Landkomtur in Franken mit Sitz in Nürnberg und einer der einflussreichsten Berater Kaiser Ludwigs des Bayern, als potentieller Auftraggeber mit involviert gewesen sein. Bedenkt man, dass zuvor die Langhauserweiterung im Augsburger Dom und damit auch die Verglasung des Querhausfensters mit dem monumentalen Thron Salomonis unter maßgeblicher Beteiligung des Domkustos Konrad von Randegg sowie der Bischöfe Ulrich II. von Schönegg (1331–1337) und Heinrich III. von Schönegg (1337–1348) ebenfalls einen Auftraggeberkreis aus dem engsten Lager des Kaisers erschließt, die Fensterstiftung jedenfalls ein entschieden prokaiserliches Programm vertritt, wie BECKSMANN, „Thron-Salomonis-Fenster", 1995 dargelegt hat, dann werden – ganz im Sinne von SUCKALEs Hofkunst – die Konturen einer Kunstpolitik sichtbar, die ein enges Beziehungsgeflecht der Parteigänger Ludwigs des Bayern umfasst. Zu diesen gehörten neben dem Augsburger Domklerus und dem Deutschen Orden eben auch die Regensburger Franziskaner, selbst wenn deren Chorausstattung bereits in die Zeit nach dem Tod des Kaisers im Jahr 1347 fällt. Woher aber die für Augsburg, Rothenburg und Regensburg verantwortlichen Glasmaler gekommen waren und wohin sie letzten Endes gezogen sind, wo sie jeweils ansässig waren oder wurden, in diesen Fragen herrscht weiterhin keine definitive Klarheit. SCHOLZ 2002, I, S. 440–442, plädiert für „Nürnberg oder Regensburg". Zuletzt hat PARELLO 2015, S. 256–262, für das Regensburger Passionsfenster als Sitz der Werkstatt „Regensburg oder München" vorgeschlagen, für das Rothenburger Chorachsenfenster aber weiterhin an der Provenienz „Regensburg oder Nürnberg(?)" festgehalten.

32 Vgl. hierzu MARTIN 1946, S. 390–399.

33 SCHILLER, I, [3]1981, besonders S. 50–57.

34 BECKSMANN 1967, S. 91–96, 120–126, 133, Fig. 17, Abb. 41, 71; RODE 1974, besonders S. 57–65.

35 Das wirkmächtige Vorbild dürfte in den gemalten Loggien der Marienkapelle auf Burg Karlstein zu finden sein; vgl. DVORÁKOVÁ/ KRÁSA/ MERHAUTOVÁ/ STEJSKAL 1964, S. 136, Abb. 83. Ähnliche Substruktionen begegnen in der „Nürnberger" Glasmalerei überdies in den Chorfenstern des Erfurter Doms; vgl. DRACHENBERG 1983, passim.

36 Hierzu ausführlich BEISSEL 1909, S. 630–655.

37 Eine ausführliche Übersicht über die apokryphen Schriften und deren verschiedene Bearbeitungen gibt SCHILLER, IV,2, 1980, S. 83–147; zur Fassung der *Legenda aurea* vgl. BENZ [9]1979, S. 583–609. Vgl. außerdem HOLZHERR 1971, und Josef MYSLIVEC, in: *Lexikon der christlichen Ikonographie*, IV, 1972, Sp. 333–338.

38 „Du freust dich über die Empfängnis Gottes [bei der Verkündigung], über die Geburt Christi, die Ankunft der Könige, die Auferstehung, über den in wunderbaren Feuerzungen den Aposteln gesandten Heiligen Geist, über deine Aufnahme in den Himmel; da du mit deinem Sohne [dort] aufs engste vereint bist, so bitte für uns"; zitiert nach Guido Maria DREVES S.J. , *Analecta Hymnica Medii Aevi XV: Pia Dictamina. Reimgebete und Leselieder aus Handschriften und Wiegendrucken*, Leipzig 1893, Nr. 61f.

39 Hierzu erstmals ausführlich KNIPPING 1989 bzw. 1993 mit Verweis auf die grundlegenden Texteditionen: Gerard Harrie BUIJSSEN, *Durandus' Rationale in spätmittelhochdeutschen Übersetzungen*, Assen 1966; J. L. F. Theodor MERZDORFF, *Der Mönch von Heilsbronn*, Berlin 1870; Annelies J. HOFMANN, *Der Eucharistie-Traktat Marquarts von Lindau* (Hermaea 7), Tübingen 1960. – Vgl. auch Kurt ILLING, *Alberts des Großen ‚Super Missam'-Traktat in mittelhochdeutschen Übertragungen*, München 1975; vgl. ferner Georg STEER, „Durandus, Wilhelm", in: *Verfasserlexikon*, II, 1980, Sp. 245–247, Nigel F. PALMER, „Marquard von Lindau OFM.", in: *Verfasserlexikon*, VI, 1987, Sp. 81–126, und ebenda Georg STEER, „Mönch von Heilsbronn", Sp. 649–654.

40 Vgl. WADELL 1969; dazu die umfangreiche Rez. von Ewald M. VETTER, in: *Zeitschrift für Kunstgeschichte*

33, 1970, S. 232–249, und VETTER 1972, S. 312f. Die Wahl des Begriffs „Fons pietatis" bedeutet hier innerhalb der umfassenderen Vorstellung des „Fons vitae" eine Eingrenzung auf die Darstellung des Gekreuzigten mit blutenden Wunden in Verbindung mit den im Blut Christi badenden nackten Seelen, wobei „pietas" vor allem die Vorstellung der im Erbarmen überströmenden, sich aufopfernden Liebe impliziert; vgl. daneben auch Alois THOMAS, in: *Lexikon der christlichen Ikonographie*, I, 1968, Sp. 333f. – Eine ausführliche Darstellung der besonderen Ikonografie im Rothenburger Eucharistiefenster einschließlich Auswertung maßgeblicher literarischer Quellen des 12.–14. Jahrhunderts bietet KNIPPING 1989, S. 55–79, bzw. 1993, S. 79–101.

41 KNIPPING 1989, S. 75–79.

42 Zum Bildtypus der Engelspietà vgl. SCHILLER, II, ²1983, S. 229–233.

43 Die Darbringung des Messopfers – neben Gebeten, Almosen und guten Werken – als wichtigste Sühne für die Verstorbenen wird begründet bei Gregor d. Gr. (*Sancti Gregorii Dialogorum Liber IV*, Cap. 57; MIGNE, PL 77, Sp. 425; vgl. FUNK 1933, S. 269); zum Nutzen guter Werke und der eucharistischen Gabe für die Armenseelen allgemein: Jaques LE GOFF, *La Naissance du Purgatoire*, Paris 1981 (dt. Übers.: *Die Geburt des Fegefeuers. Vom Wandel des Weltbildes im Mittelalter*, Stuttgart 1984, besonders S. 110–119); Martina WEHRLI-JOHNS, „Tuo daz guote und lâ daz übele'. Das Fegefeuer als Sozialidee", in: Ausst.-Kat. Köln/Zürich 1994, S. 47–58, und ebenda Martin ILLI, „Begräbnis, Verdammung, Erlösung. Das Fegefeuer im Spiegel von Bestattungsriten", hier besonders S. 59–68; vgl. zuletzt ANGENENDT 1997, S. 705–716 (Résumé früherer Ausagen zum Thema).

44 KEBERLE 1964, S. 269–289; vgl. HÉROLD/GATOUILLAT 1994, S. 178 (baie 21); BURGER 2007, S. 62–67.

45 Vgl. KNIPPING 1989, S. 55–64 (mit zahlreichen Textzitaten), bzw. KNIPPING 1993, S. 83f. (besonders Anm. 18); über die Vorbildlichkeit des Mönchs von Heilsbronn s. bereits WADELL 1969, S. 21. – Text publiziert von MERZDORFF 1870 (wie Anm. 39), S. 3–68 (nach der Heidelberger Hs. Cpg 417). Zum umstrittenen Datum 1323 im Register der Berliner Hs. mgq. 1486 (aus der 2. Hälfte des 14. Jh.) vgl. ILLING 1975 (wie Anm. 39), S. 44f. bzw. Georg STEER, 1987 (wie Anm. 39), Sp. 649–654.

46 Vgl. H. GESSER, „Eucharistie", in: *Lexikon für Theologie und Kirche*, III, 1959, Sp. 1142–1159; Klaus LANKHEIT, „Eucharistie", in: *Reallexikon zur deutschen Kunstgeschichte*, VI, 1973, Sp. 154ff.; zur Messszene des Eucharistiefensters ausführlich KNIPPING 1993, S. 84–86.

47 KNIPPING 1993, S. 86–88; vgl. auch BOERNER 1998, S. 223–234.

48 Die Darstellung wurzelt im Gleichnis von dem reichen Prasser und dem armen Lazarus (Lukas 16,22), wonach der Arme stirbt und von Engeln in Abrahams Schoß getragen, der Reiche dagegen begraben wurde; vgl. CHAPEAUROUGE 1973, S. 9–54.

49 Zur typologischen Ausdeutung der Eucharistie vgl. nochmals *Reallexikon zur deutschen Kunstgeschichte*, VI, 1973, Sp. 162–183, besonders Sp. 173–175. – Zur Gegenüberstellung von Manna und eucharistischem Leib in der theologischen Literatur der Zeit vgl. KNIPPING 1989, S. 92f., bzw. 1993, S. 90.

50 Im Hinblick auf eine Identifizierung des Propheten wäre auf die ähnliche Gewandfarbigkeit des Moses im Achsenfenster hinzuweisen; Moses steht dort neben der Darstellung des Abendmahls, d.h. der Einsetzung der Feier der Eucharistie, was zum übergreifenden Bildprogramm des vorliegenden Fensters gut passen würde.

51 Paris, Musée du Louvre, Inv. Nr. OAR 508A, B, G, und OAR 511A–F (Bestand konfiszierter Privatsammlungen, Récupération nach 1945); Strasbourg, Musée de l'Œuvre Notre-Dame, Inv. Nr. MAD LXX 1–4 (Provenienz: 1970 aus der Sammlung Michel Acezat erworben); vgl. BLOCK 1970, S. 196f.; BECKSMANN 1986, S. 48; Françoise GATOUILLAT, in: HÉROLD/GATOUILLAT 1994, S. 234f. – Auf die ehemalige Zusammengehörigkeit dieser Bestände deuten nicht zuletzt die weitgehend identischen Breitenmaße von ca. 36 cm.

52 KNIPPING 1989, S. 119f.; vgl. BECKSMANN 1986, S. 48f.; FRANKL 1936, S. 9–27. Später hat BECKSMANN, *Glasmalerei*, 1995, S. 149f., die Gruppen deutlicher geschieden und im Gegensatz zu KNIPPING angenommen, dass der nach München abgewanderte Astaler-Meister nur aus derselben Nürnberger Werkstatt hervorgegangen sei.

53 KAUTZSCH 1931, S. 16; ULRICH o.J., S. 32. – WENTZEL 1968, S. 114, hat demgegenüber „nächste Parallelen" in den Farbverglasungen von Sigmaringen (1402), Eriskirch (1412) und Ravensburg (um 1419) sowie Bezüge zur Ulmer Glasmalerei sehen wollen, eine Einschätzung, die inzwischen als obsolet betrachtet wird. Möglich scheint lediglich, dass die Werkstatt der Rothenburger Flankenfenster das maßgebliche Vorbild für die spätere Ravensburger Werkstatt abgegeben hat; vgl. SCHOLZ, „Chronologie", 1991, S. 58.

54 Die Pfarrkirche in Wilton wurde nach 1840 von Lord Sidney Herbert of Lea errichtet, doch bislang ist kaum geklärt, auf welchem Weg und über welche Händler er die deutschen und französischen Glasmalereien erwarb. Dass die Scheiben einer Schmerzensmutter und eines Hl. Bischofs aus der Tucherschen Hauskapelle in Nürnberg nach ihrer Versteigerung 1833 über den Kunsthandel (zunächst den Münchner Händler Gottfried) ebenfalls nach Wilton gelangten, könnte dafür sprechen, dass auch die hier in Frage stehenden Restscheiben ehemals im Nürnberger Raum beheimatet gewesen waren. Möglicherweise erfolgte der Ankauf auch über den aus Marbach gebürtigen Industriellen John Christopher Hampp in Norwich, dessen Aquisitionstouren in Sachen Glasmalerei nach Amiens, Paris, Rouen, Aachen, Köln und Nürnberg führten; vgl. RACKHAM 1927, S. 86–94.

55 FRENZEL 1985, S. 141; KNIPPING 1989, S. 112–124.

56 Wir nennen nur die spezifische Form der gewirtelten Säulen. Ein weiteres exemplarisches Einzelmotiv sind etwa die schräg vorkragenden Baldachine mit kleinen Löwen zu Füßen der aufstrebenden Säulchen (5a und d), die in dieser Form auch unterhalb der Mannalese im Eucharistiefenster begegnen.

57 Vgl. KEHRER 1912, S. 61–68, Abb. 43f. und 46, sowie SCHÄDLER-SAUB 2000, S. 77–83, 148–150 und 166f.

58 Vgl. SCHMIDT 1969, Abb. 123, 126, 133 bzw. 160, 162–165; DVORÁKOVÁ/ KRÁSA/ MERHAUTOVÁ/ STEJSKAL 1964, S. 51–65, 71–121, 124, Abb. 62–67, 68–70, 83–137.

59 SCHOLZ, „Export oder Filiation", 1991, S. 49–53.

60 Vgl. RESS 1959, S. 78, 196.

61 Vgl. SCHOLZ 2013, S. 393–419 (Erstverglasung Frauenkirche, nach Mitte des 14. Jh.), S. 76–197 (Erstverglasung des Ostchors von St. Sebald, um 1379–1390) sowie im Überblick über die Produktion der 2. Jahrhunderthälfte S. 35–48; ferner SCHOLZ 2019, I, S. 91–105, 321–324, 329–334, 340f., 344–356, 358–360 (Reste der Erstverglasung des Langhauses von St. Lorenz, um 1390/1400), S. 488–578 (Chor- und Langhausverglasung von St. Martha), jeweils mit ausführlicher Diskussion der Forschung; zu den Fenstern in St. Martha s. auch SCHOLZ 2018. – Eine nützliche Zusammenstellung

aller im Zeitraum von 1363 bis 1442 in den Bürgerbüchern, Meister- und Losungslisten genannten Glaser gibt FRENZEL 1954, S. 110–113, auf der Basis von GÜMBEL 1906, S. 326–346, und GÜMBEL 1907, S. 60f.; vgl. auch die Auflistung der bis 1400 am Ort nachgewiesenen Meister in: SCHOLZ 2013, S. 36 mit Anm. 20.

62 FRENZEL 1985, S. 141; ULRICH o.J., S. 32. Ob wir im Fall des *Hanns von Rotenburg* einen Mitarbeiter der Werkstatt oder gar den leitenden Meister zu sehen haben, muss daher offenbleiben; bemerkenswert ist immerhin die zeitliche Nähe seiner Erwähnung 1392 zur Entstehung der Rothenburger Chorflankenfenster.

63 SCHOLZ 2002, II, S. 578f., Regesten Nr. 104, 108, 112 und 121.

64 Ebenda S. 580, Regesten Nr. 128 und 130–134.

65 Die beiden Rundmedaillons mit den von Stephan Kellner 1854 geschaffenen Bildnissen Luthers und Melanchthons wurden ursprünglich in die Okuli der Maßwerk-Couronnements eingesetzt, wofür das gotische Maßwerk ausgebrochen werden musste. Diese Situation ist in alten Bauzeichnungen festgehalten; BALLIS 2014, S. 28. Zunächst besaß das Bildnis Melanchthons im Fenster der südlichen Toppler-Kapelle, direkt gegenüber dem Bildnis Luthers, seinen Platz. Dort musste es 1908 dem Gedächtnis für den berühmten Rothenburger Bürgermeister Heinrich Toppler weichen und gelangte kurze Zeit später, im Zuge der Neuverglasung der beiden Reformatorenfenster durch die Münchner Werkstatt Zettler, in die Wernitzer-Kapelle.

66 Johannes Hornburg stammte aus einer der ältesten und „ehrbaren" Familien Rothenburgs. Studien führten ihn an die Universitäten von Ingolstadt 1514–1518, Leipzig (ab 1519) und Wittenberg, wo er 1521 zum Magister artium promoviert wurde. Persönliche Begegnungen mit Luther und Melanchthon sind in Selbstzeugnissen belegt; BALLIS 2014, S. 47.

67 Zum Grabmahl Peter Kreglingers vgl. RESS 1959, S. 272, und MAYR o.J., S. 219, jeweils mit Abb. Eine Lithographie des Grabmals in: HEFNER-ALTENECK 1889, Taf. 188, überliefert irrtümlich das Sterbejahr 1365.

68 Nach RESS 1959, S. 272, soll das Rothenburger Geschlecht der Kreglinger bereits 1519 ausgestorben sein. Das heutige Weingut Kreglinger in Rothenburg beruft sich indes auf eine über 700-jährige Geschichte des bereits 1230 im Rat der Stadt vertretenen Geschlechts und führt auch dessen Wappen. Das gleiche gilt für die Stifter der beiden Reformatorenfenster, „die Kreglinger von Antwerpen".

69 Zitiert nach: *D. Martin Luthers Werke. Kritische Gesamtausgabe. Briefwechsel.*, 5. Band, Weimar 1934, S. 444f. (Nr. 1628).

70 Vgl. Herbert IMMENKÖTTER, „Augsburger Bekenntnis", in: *Lexikon für Theologie und Kirche*, I, ^{3}1993, Sp. 1226 (1229).

71 SCHUMANN 1980, S. 366f. und Abb. S. 377.

72 Zur einigermaßen komplexen Geschichte der Aneignung des Wappens der Herren von Sulz und ihrer Burg bei Kirchberg a.d. Jagst durch das Benediktinerkloster und spätere Chorherrenstift Comburg sowie die schlussendliche „Adoption" als das des längst erloschenen Geschlechts der Grafen von Rothenburg und die nachfolgende Inanspruchnahme durch die Stadt Rothenburg im 16. Jahrhundert vgl. Martin WEIGEL, *Alt-Rothenburgs Wappen und Siegel*, Rothenburg 1941, S. 7–16.

73 HAENLE 1871/72, S. 1–87; SCHNURRER 1968, S. 104–132.

74 Siehe hierzu den sehr informativen, leider in verderbtes Englisch übertragenen Online-Bericht von Dekan Dietrich WÜNSCH, „Bach Stained-glass window at St. James's Church (St.-Jakobskirche), Rothenburg ob der Tauber, Bavaria, Germany", aus dem Jahr 2011, in: *Bach in Arts*, in dem alle an dem Verglasungsprojekt beteiligten Parteien Erwähnung finden und auch der zeitliche Ablauf nach den Schriftquellen, insbesondere den Aufzeichnungen von Ernst Schmidt im Logbuch des 1906 gegründeten Vereins zur Restaurierung der St. Jakobskirche resümiert wird (Rothenburg, Pfarrarchiv St. Jakob 6.1.1.15b): http://www.bach-cantatas.com/Memo/Art-1938.htm (abgerufen am 18.08.2021).

75 RÜHLE 1950, S. 41–47.

76 RICHTER 2020, S. ##.

77 So die Quintessenz des rumänischen Philosophen Emil M. Cioran zu Bachs Musik, zitiert nach BALLIS 2014, S. 95 (dort ohne Nachweis).

78 Hierzu nochmals Anm. 74, und BALLIS 2014, S. 92.

79 Vgl. WACHOWSKI 1985, S. 70, mit Abb. 52 der Situation nach 1910. Diese bewusste Abstimmung mit Blick auf die Geamtausstattung ist beim Neubau der Rieger-Orgel von 1968 leider unbeachtet geblieben.

Literatur

500 Jahre St. Jakob Rothenburg o.d.T. 1485–1985, Festschrift anläßlich der 500. Wiederkehr der Weihe der St. Jakobskirche zu Rothenburg ob der Tauber im Jahre 1485, Rothenburg o.d.T. 1985

ALBERT, Peter P., „Die Eseler von Alzey. Eine Mainzer Steinmetzensippe des 15. Jahrhunderts", in: *Zeitschrift für Geschichte des Oberrheins* 37, 1922, S. 121–179

ANGENENDT, Arnold, *Geschichte der Religiosität im Mittelalter*, Darmstadt 1997

Ausst.-Kat. Köln 1998, *Himmelslicht. Europäische Glasmalerei im Jahrhundert des Kolner Dombaus (1248–1349)*, Ausstellung des Schnütgen-Museums in der Kölner Kunsthalle, Katalog hrsg. von Hiltrud WESTERMANN-ANGERHAUSEN in Zusammenarbeit mit dem CVMA Deutschland, Köln 1998

Ausst.-Kat. Köln/Zürich 1994, *Himmel, Hölle, Fegefeuer. Das Jenseits im Mittelalter*, Ausstellung im Schweizerischen Landesmuseum Zürich und in der Kölner Kunsthalle, Katalog hrsg. von Peter JETZLER, Köln/Zürich 1994

Ausst.-Kat. Regensburg 1987, *Regensburger Buchmalerei von frühkarolingischer Zeit bis zum Ausgang des Mittelalters*, Ausstellung der Bayerischen Staatsbibliothek München und der Museen der Stadt Regensburg, München 1987

BACHER, Ernst, *Die mittelalterlichen Glasgemälde in der Steiermark* (Corpus Vitrearum Medii Aevi Österreich III,1), Wien 1979

BALLIS, Helmut, u.a., *Zauberhaftes Glas – Reformationsfenster in St. Jakob Rothenburg*, Rothenburg 2014

BAXANDELL, Michael, *The Limewood Sculptors of Renaissance Germany*, New Haven/London 1980

BECKSMANN, Rüdiger, *Die architektonische Rahmung des hochgotischen Bildfensters. Untersuchugen zur oberrheinischen Glasmalerei von 1250–1350* (Forschungen zur Geschichte der Kunst am Oberrhein 9/10), Berlin 1967

BECKSMANN, Rüdiger, *Die mittelalterlichen Glasmalereien in Schwaben 1350–1530* (Corpus Vitrearum Medii Aevi Deutschland I,2), Berlin 1986

BECKSMANN, Rüdiger, *Deutsche Glasmalerei des Mittelalters I. Voraussetzungen – Entwicklungen – Zusammenhänge*, Berlin 1995

BECKSMANN, Rüdiger, „Das Thron-Salomonis-Fenster im Augsburger Dom und Kaiser Ludwig der Bayer. Ein Fall von deletio memoriae", in: *Für irdischen Ruhm und himmlischen Lohn. Stifter und Auftraggeber in der mittelalterlichen Kunst* (Festschrift Beat Brenk zum 60. Geburtstag), hrsg. von Hans-Rudolf MEIER u.a., Berlin 1995, S. 247–263

BEER, Ellen J., *Die Glasmalereien der Schweiz vom 12. bis zum Beginn des 14. Jahrhunderts* (Corpus Vitrearum Medii Aevi Schweiz I), Basel 1956

BEISSEL, Stephan, *Geschichte der Verehrung Marias in Deutschland während des Mittelalters. Ein Beitrag zur Religionswissenschaft und Kunstgeschichte*, Freiburg i. Br. 1909

BENZ, Richard, *Die Legenda aurea des Jacobus de Voragine*, Heidelberg [9]1979

BINDING, Günther, *Das Dachwerk auf Kirchen im deutschen Sprachraum vom Mittelalter bis zum 18. Jahrhundert*, München 1991

BLOCK, Christiane, „Un panneau de vitrail du début du XVe siècle", in: *Saison d'Alsace* 33/34, 1970, S. 196f.

BOERNER, Bruno, *Par caritas par meritum. Studien zur Theologie des gotischen Weltgerichtsportals in Frankreich – am Beispiel des mittleren Westeingangs von Notre-Dame in Paris* (Scrinium Friburgense. Veröffentlichungen des Mediävistischen Instituts der Universität Freiburg Schweiz 7), Freiburg/Schweiz 1998

BOIVIN, Katharine M., „Holy Blood, Holy Cross: Dynamic Interactions in the Parochial Complex of Rothenburg", in: *The art bulletin* 99, 2017, S. 41–71

BURGER, Michael, *Die Langhausfenster der Stiftskirche St. Florentius zu Niederhaslach. Zu Form, Inhalt und Funktion eines umfangreichen Bildzyklus der elsässischen Glasmalerei des 14. Jahrhunderts*, Magisterarbeit Freiburg i. Br. 2007 (Manuskript)

BURGER, Michael, *Fenestrae non historiatae. Ornamentale Glasmalerei der Hochgotik in den Regionen am Rhein (1250–1350)* (Corpus Vitrearum Medii Aevi Deutschland Studien III), Berlin 2018

CHAPEAUROUGE, Donat de, „Die Rettung der Seele. Genesis eines mittelalterlichen Bildthemas", in: *Wallraf-Richartz-Jahrbuch* 35, 1973, S. 9–54

DRACHENBERG, Erhard, *Die mittelalterliche Glasmalerei im Erfurter Dom* (Corpus Vitrearum Medii Aevi DDR I,2), 2 Bde., Berlin 1980 (Text), 1983 (Abbildungen)

DREXLER, Jolanda, *Die Chorfenster der Regensburger Minoritenkirche* (Studien und Quellen zur Kunstgeschichte Regensburgs 2), Regensburg 1988

DVORÁKOVÁ, Vlasta/ KRÁSA, Josef/ MERHAUTOVÁ, Anezka/ STEJSKAL, Karel, *Gothic Mural Painting in Bohemia and Moravia 1300–1378*, London 1964

ENGEL, Wilhelm, *Vatikanische Quellen zur Geschichte des Bistums Würzburg im 14. und 15. Jahrhundert* (Quellen und Forschungen zur Geschichte des Bistums und Hochstifts Würzburg, Bd. I), Würzburg 1948

FRANKL, Paul, *Der Meister des Astalerfensters von 1392 in der Münchner Frauenkirche*, Berlin 1936

FRENZEL, Gottfried, *Nürnberger Glasmalerei der Parlerzeit*, Phil. Diss. Erlangen 1954 (Manuskript)

FRENZEL, Gottfried, „Die mittelalterlichen Glasgemälde zu Rothenburg. Verfall und Rettung", in: *500 Jahre St. Jakob Rothenburg o.d.T. 1485–1985*, Rothenburg o.d.T. 1985, S. 139–144

FRITZSCHE, Gabriela, „Das Passionsfenster der Regensburger Minoritenkirche. Zur Frage einer Klosterwerkstatt im 14. Jahrhundert", in: *Deutsche Glasmalerei des Mittelalters II: Bildprogramme – Auftraggeber – Werkstätten*, hrsg. von Rüdiger BECKSMANN, Berlin 1992, S. 77–91

FUNK, Joseph, *Des Heiligen Papstes und Kirchenlehrers Gregor des Gr. vier Bücher Dialoge,* aus dem Lateinischen übersetzt von Joseph FUNK (Bibliothek der Kirchenväter, 2. Reihe, III,2), München 1933

GÜMBEL, Albert, „Archivalische Beiträge zur älteren nürnberger Malereigeschichte III. Die Malernamen der Nürnberger Meister- und Bürgerbücher 1363–1534 und der Steuerlisten 1392–1440", in: *Repertorium für Kunstwissenschaft* 29, 1906, S. 326–346, und 30, 1907, S. 27–65

GÜMBEL, Albert, „Kleine Beiträge zur Kunstgeschichte Rothenburgs", in: *Repertorium für Kunstwissenschaft* 31, 1908, S. 7–17

GÜMBEL, Albert, „Rechnungen und Aktenstücke zur Geschichte des Chorbaus von St. Lorenz in Nürnberg unter der Leitung Konrad Heinzelmanns", in: *Repertorium für Kunstwissenschaft* 32, 1909, S. 1–159

HAENLE, S[iegfried]„Urkunden und Nachweise zur Geschichte von Heinrich Topler", in: *Jahrbuch des Historischen Vereins für Mittelfranken* 38, 1871/72, S. 1–87

HEFNER-ALTENECK, Jakob Heinrich von, *Trachten, Kunstwerke und Gerätschaften vom frühen Mittelalter bis Ende 18. Jahrhundert*, Frankfurt 1889

HERNAD, Béatrice, *Die gotischen Handschriften deutscher Herkunft in der Bayerischen Staatsbibliothek in München, Teil 1: Vom späten 13. bis zur Mitte des 14. Jahrhunderts* (Katalog der illuminierten Handschriften der Bayerischen Staatsbibliothek in München Bd. 5, Teil 1), Wiesbaden 2000

HÉROLD, Michel/ GATOUILLAT, Françoise, *Les vitraux de Lorraine et d'Alsace* (Corpus Vitrearum France, Recensement V), Paris 1994

HESS, Daniel/ HIRSCHFELDER, Dagmar/ VON BAUM, Katja, (Hg.), *Die Gemälde des Spätmittelalters im Germanischen Nationalmuseum: Franken 1*, 2 Bde., Regensburg 2019

HOLZHERR, Gertrud, *Die Darstellung des Marientodes im Spätmittelalter*, Phil. Diss. Tübingen 1971

KAHSNITZ, Rainer, *Die großen Schnitzaltäre. Spätgotik in Süddeutschland, Österreich und Tirol*, München 2005

KAUTZSCH, Martin, *Anfänge der Glasmalerei in Nürnberg und Franken von 1240–1450*, Phil. Diss. Halle/Saale 1931

KAUTZSCH, Martin, „Die alten Glasmalereien im Chor der Jakobskirche zu Rothenburg", in: *Rothenburger Land* 9, 1932, S. 12–14

KEBERLE, Bozena, *Die Glasmalereien in den Langhausfenstern der Florentiuskirche zu Niederhaslach*, Phil. Diss. Basel 1964 (Manuskript)

KEHRER, Hugo, *Die gotischen Wandmalereien in der Kaiser-Pfalz zu Forchheim. Ein Beitrag zur Ursprungsfrage der fränkischen Malerei* (Abhandlungen der Königlich Bayerischen Akademie der Wissenschaften, Philosophisch-philologische und historische Klasse XXVI. Bd., 3. Abhandlung), München 1912

KNIPPING, Detlef, *Vom Nutzen des Meßopfers für die Armenseelen. Das Eucharistiefenster der Jakobskirche in Rothenburg o.d.T.*, Magisterarbeit München 1989 (Manuskript)

KNIPPING, Detlef, „Eucharistie- und Blutreliquienverehrung. Das Eucharistiefenster der Jakobskirche in Rothenburg ob der Tauber", in: *Zeitschrift für Kunstgeschichte* 56, 1993, S. 79–101

Lexikon der christlichen Ikonographie, begründet von Engelbert KIRSCHBAUM u.a., 8 Bde., Rom/ Freiburg/Basel/Wien 1968–1974

Lexikon für Theologie und Kirche, begründet von Michael BUCHBERGER, , 11 Bde. Freiburg i. Br. ^{2}1957–1967

MARTIN, Kurt, *Die Nürnberger Steinplastik im 14. Jahrhundert*, Berlin 1927

MARTIN, Josef, „Ogmios", in: *Würzburger Jahrbücher für Altertumswissenschaft* 1, 1946, S. 390–399

MAYR, Vincent, „Die drei großen Restaurierungen der St.-Jakobs-Kirche", in: *500 Jahre St. Jakob Rothenburg o.d.T. 1485–1985*, Rothenburg o.d.T. 1985, S. 41–53

MAYR, Vincent, „Anmerkungen zu einigen figürlichen Grabdenkmälern der Spätgotik", in: *Denkmal des Ewigen in der Zeit. 700 Jahre Franziskanerkirche Rothenburg ob der Tauber* (Rothenburger Sakrale Kunst Nr. 4), Rothenburg o.J.

MILITZER, Klaus, *Die Entstehung der Deutschordensballeien im Deutschen Reich*, Marburg ²1981

MIGNE, PL, *Patrologiae cursus completus [...] omnium SS. Patrum, doctorum scriptorumque ecclesiasticorum [...], Series latina,* 221 Bde., hrsg. von Jacques-Paul MIGNE, Paris 1878–1890

NASER, Markus, „Rothenburg im Spätmittelalter", in: *Rothenburg ob der Tauber. Geschichte der Stadt und ihres Umlandes*, hrsg. von Horst RUPP und Karl BORCHARDT, Darmstadt 2016, S. 82–135, 630–641 (Anmerkungen), 700–728 (Quellen- und Literaturverzeichnis)

OIDTMANN, Heinrich, „Über Glasmalerei im Frankenlande und die Glasmalerei der St. Jakobskirche zu Rothenburg o.d.T.", in: *Augsburger Postzeitung*, Beilage 1896, S. 211–213, 228–231, 235–237

OIDTMANN, Heinrich, *Die rheinischen Glasmalereien vom 12. bis zum 16. Jahrhundert,* Bd. I, Düsseldorf 1912

PARELLO, Daniel, *Die mittelalterlichen Glasmalereien in Regensburg und der Oberpfalz, ohne Regensburger Dom* (Corpus Vitrearum Medii Aevi Deutschland XIII,2), Berlin 2015

RACKHAM, Bernard, „English importations of foreign Stained Glass in the early 19th century", in: *Journal of the British Society of Master Glass-Painters* 6, 1927, S. 86–94

Reallexikon zur deutschen Kunstgeschichte, begonnen von Otto SCHMITT, hrsg. vom Zentralinstitut für Kunstgeschichte München, Stuttgart 1937ff. (seit 1972 München)

RESS, Anton, *Die Kunstdenkmäler von Bayern, Regierungsbezirk Mittelfranken VIII: Die Stadt Rothenburg o.d.T., Kirchliche Bauten*, München 1959

RICHTER, Christa Maria, *Johann Walter (1496–1570) – Begründer der evangelischen Kirchenmusik. Leben und Werk* (Schriften des Torgauer Geschichtsvereins 13), Beucha/Markkleeberg 2020

RODE, Herbert, *Die mittelalterlichen Glasmalereien im Kölner Dom* (Corpus Vitrearum Medii Aevi Deutschland IV,1), Berlin 1974

RÜHLE, S., „Die Reformationsmedaillen der Reichsstadt Rothenburg o. d. Tbr. vom Jahre 1744", in: *Die Linde. Monatsschrift für Geschichte und Heimatkunde von Rothenburg Stadt und Land* (Beilage zum Fränkischen Anzeiger Rothenburg o. Tauber) 32, 1950, S. 41–47

SCHÄDLER-SAUB, Ursula, *Gotische Wandmalereien in Mittelfranken. Kunstgeschichte, Restaurierung, Denkmalpflege* (Arbeitshefte des Bayerischen Landesamtes für Denkmalpflege 109), München 2000

SCHAEFLEIN, M., „Die farbigen Glasfenster im Ostchor der St. Jakobskirche zu Rothenburg", in: *Der Bergfried. Rothenburger Blätter für Heimatforschung, Heimatkunde und Heimatpflege* 6, 1954, S. 73–76

SCHILLER, Gertrud, *Ikonographie der Christlichen Kunst, I. Inkarnation – Kindheit – Taufe – Versuchung – Verklärung – Wirken und Wunder Christi*, Gütersloh ³1981; *II. Die Passion Jesu Christi,* Gütersloh ²1983; *IV.2. Maria*, Gütersloh 1980

SCHMIDT, Gerhard, „Malerei bis 1450. Tafelmalerei – Wandmalerei – Buchmalerei", in: *Gotik in Böhmen*, hrsg. von Karl M. SWOBODA, München 1969, S. 184–321

SCHNURRER, Ludwig, „Heinrich Toppler", in: *Fränkische Lebensbilder* (Gesellschaft für fränkische Geschichte, Reihe VIIA, Bd. 2), Neustadt a. d. Aisch 1968, S. 104–132

SCHNURRER, Ludwig, „Der Stifter des mittleren Farbfensters im Chor von St. Jakob in Rothenburg: Ritter Götz Lesch", in: *Die Linde* (Beilage zum Fränkischen Anzeiger für Geschichte und Heimatkunde von Rothenburg/Tbr. Stadt + Land) 57, 1975, S. 74–79

SCHNURRER, Ludwig, „Ritter Götz Lesch (ca. 1282–1350). Der Stifter des mittleren Farbfensters im Chor von St. Jakob zu Rothenburg", in: *Jahrbuch des Historischen Vereins für Mittelfranken* 89, 1977–81, S. 42–49

SCHNURRER, Ludwig, „Kapelle und Wallfahrt zum Heiligen Blut in Rothenburg", in: *500 Jahre St. Jakob Rothenburg o.d.T. 1485–1985*, Rothenburg o.d.T. 1985, S. 89–96

SCHNURRER, Ludwig, *Die Urkunden der Reichsstadt Rothenburg 1182–1400* (Veröffentlichungen der Gesellschaft für Fränkische Geschichte, Reihe III, Bd. 6), 2 Bde., Neustadt an der Aisch 1999

SCHNURRER, Ludwig, „Ergänzende Quellen zu den spätmittelalterlichen Farbglasfenstern in St. Jakob und Kobolzell", in: *Die Linde* (Beilage zum Fränkischen Anzeiger für Geschichte und Heimatkunde von Rothenburg/Tbr. Stadt + Land) 83, 2001, S. 12–16

SCHNURRER, Ludwig, „Neues" von Heinrich Toppler, in: *Die Linde* (Beilage zum Fränkischen Anzeiger für Geschichte und Heimatkunde von Rothenburg/Tbr. Stadt + Land) 91, 2009, S. 17–23, 26–30

SCHOLZ, Hartmut, „Zur Chronologie der ursprünglichen Chorverglasung des Ulmer Münsters", in: *Mitteilungen des Vereins für Kunst und Altertum in Ulm und Oberschwaben* 47/48, 1991, S. 9–71

SCHOLZ, Hartmut, „Export oder Filiation – Auftragsvermittlung durch Werkmeister spätmittelalterlicher Bauhütten am Beispiel Ulmer Glasmalerei-Exporte", in: *Corpus Vitrearum. Tagung für Glasmalereiforschung. 16. Internationales Kolloquium*, hrsg. von der Kommission für das Corpus Vitrearum in der Schweiz, Bern/Stuttgart 1991, S. 49–53

SCHOLZ, Hartmut, „Ornamentverglasungen der Hochgotik", in: Ausst.-Kat. Köln 1998, S. 51–62

SCHOLZ, Hartmut, *Die mittelalterlichen Glasmalereien in Mittelfranken und Nürnberg extra muros* (Corpus Vitrearum Medii Aevi Deutschland X,1), 2 Bde., Berlin 2002

SCHOLZ, Hartmut, *Die mittelalterlichen Glasmalereien in Nürnberg: Sebalder Stadtseite* (Corpus Vitrearum Medii Aevi Deutschland X,2), Berlin 2013

SCHOLZ, Hartmut, *Die gotischen Glasmalereien in St. Martha Nürnberg*, Regensburg 2018

SCHOLZ, Hartmut, *Die Glasmalereien des Mittelalters und der Frühen Neuzeit in Nürnberg: Lorenzer Stadtseite* (Corpus Vitrearum Medii Aevi Deutschland X,3), 2 Bde., Berlin 2019

SCHUBART, Oskar, „Heinrich Topler und die St.-Jakobs-Kirche", in: *500 Jahre St. Jakob Rothenburg o.d.T. 1485–1985*, Rothenburg o.d.T. 1985, S. 123–128

SCHUMANN, Günther, *Die Markgrafen von Brandenburg-Ansbach. Eine Bilddokumentation zur Geschichte der Hohenzollern in Franken* (Jahrbuch des Historischen Vereins für Mittelfranken 90), Ansbach 1980

SCHÜTZENMEIER, Steffi, *Das Chormittelfenster der St. Jakobskirche in Rothenburg o.d.T.*, Magisterarbeit Regensburg 1983 (Manuskript)

SIMON, Petra, *Die fünfzehn Zeichen in der Handschrift Nr. 215 der Gräflich Schönbornschen Bibliothek zu Pommersfelden*, Phil. Diss. München 1978

STRIEDER, Peter, *Tafelmalerei in Nürnberg 1350–1550*, Königstein im Taunus 1993

SUCKALE, Robert, *Die Hofkunst Kaiser Ludwigs des Bayern*, München 1993

TITTMANN, Ekkehart, „Beobachtungen zum baulichen Umfeld der Fensterverglasungen 1350–1400 des Deutschordens-Ostchors an der Hauptpfarrkirche St. Jakob in Rothenburg o. T.", in: *Die Linde* (Beilage zum Fränkischen Anzeiger für Geschichte und Heimatkunde von Rothenburg/Tbr. Stadt + Land) 82, 2000, S. 74–88

ULRICH, Eva, *Die St. Jakobskirche zu Rothenburg o.T. und ihre Glasgemälde*, Augsburg o.J.

Verfasserlexikon. Die deutsche Literatur des Mittelalters, begründet von Wolfgang STAMMLER, fortgeführt von Karl LANGOSCH, zweite, völlig neu bearbeitete Auflage, hrsg. von Kurt RUH, Berlin/New York 1978ff.

VETTER, Ewald M., *Die Kupferstiche zur Psalmodia Eucaristica des Melchior Prieto von 1622*, Münster 1972

WACHOWSKI, Gerd, „Zur Geschichte der Orgeln in der Rothenburger St.-Jakobs-Kirche", in: *500 Jahre St. Jakob Rothenburg o.d.T. 1485–1985*, Rothenburg o.d.T. 1985, S. 55–77

WADELL, Maj-Brit, *Fons pietatis. Eine ikonographische Studie*, Göteborg 1969

WEIGEL, Helmut, *Die Deutschordenskomturei Rothenburg o. Tauber im Mittelalter* (Quellen und Forschungen zur bayerischen Kirchengeschichte 6), Leipzig/Erlangen 1921

W(EIGEL), „Die Glasmalereien in St. Jakob (Nachdruck verboten)", in: *Die Linde* (Beilage zum Fränkischen Anzeiger für Geschichte und Heimatkunde von Rothenburg o. Tbr. Stadt und Land) 4, 1912, S. 10f.

WEIGEL, Martin, „Die bunten Fenster von St. Jakob", in: *Das Bayerland* 32, 1920/21, S. 255–260

WEISS, Dieter J., *Die Geschichte der Deutschordens-Ballei Franken im Mittelalter* (Veröffentlichungen der Gesellschaft für Fränkische Geschichte, Reihe IX, Bd. 39), Neustadt an der Aisch 1991

WELZEL, Barbara, *Abendmahlsaltäre vor der Reformation*, Berlin 1991

WENTZEL, Hans, *Meisterwerke der Glasmalerei*, Berlin 1951 bzw. ^{2}1954

WENTZEL, Hans, „Sigmaringen – Saulgau – Ulm. Zur Ulmer Glasmalerei extra muros um 1400, in: *Jahrbuch der Berliner Museen*, Neue Folge 10, 1968, S. 101–124

WOJTECKI, Dieter, „Der Deutsche Orden im württembergischen Franken. Zur Entwicklung, Besitz- und Personalgeschichte der Kommenden Mergentheim, Heilbronn und Horneck im 13. Jahrhundert", in: *Württembergisch Franken* 60, 1976, S. 55–113

Bildnachweis

Die Aufnahmen der mittelalterlichen Fenster wurden großenteils zu unterschiedlichen Zeiten von den Fotografen des Freiburger Forschungszentrums des Corpus Vitrearum Deutschland, Rafael Toussaint, Andrea Gössel und Rüdiger Tonojan, angefertigt. Die Kriegsbergungsaufnahmen des Fotografen Martin Hamacher befinden sich ebenfalls im Bildarchiv des CVMA in Freiburg.

Aufnahmen des Corpus Vitrearum Deutschland/Freiburg i. Br.:

Rafael Toussaint: Umschlagvorderseite, S. 2, 7*, 8*, 10*, 20 re., 22, 26, 27*–29, 31*–35*, 36, 38*, 39 o., 40, 41, 43*–45*, 46, 48*, 49*, 52*, 53, 56

Andrea Gössel: Umschlagrückseite, S. 1, 6, 9, 11*, 12, 14–20 li., 23, 57–65, 66 u., 67–70

Martin Hamacher: 24, 25, 47 li., 50, 51

Michael Burger, Freiburg i. Br.: 21

Rüdiger Tonojan: 39 u.

Hartmut Scholz: 42

Bildarchiv: 13

* Montage aus Einzelaufnahmen

Weitere Abbildungen in alphabetischer Reihenfolge der Bildrechtgeber:

Bildarchiv Foto Marburg: Einschlagklappe vorn

Musée du Louvre, Paris: 55

Musée de l'Œuvre Notre-Dame, Strasbourg: 47 re.

NumisBids: Westfälische Auktionsgesellschaft, Auction 71, 2014, Lot 2591: 66 o.

Wikimedia Commons (Foto: Tilmann 2007), CC BY-SA 4.0: 4

Titel: Anbetung der Könige. Freuden-Marien-Fenster, Chor nord II, 6/7a–c
Umschlagklappe vorn: Ansicht der Jakobskirche von Süden (Zustand um 1956)
Frontispiz: Hl. Jakobus mit Pilgern. Chor I, 1b.
Impressum: Atlant aus dem Verkündigungsfenster. Chor nord II, 2c.
Rückseite: Verkündigung an die Hirten. Chor I, 4c.

Glossar

Ablass: Erlass zeitlicher Sündenstrafen, der an Bedingungen geknüpft durch die römisch-katholische Kirche gewährt wird
Achsenfenster: in der Längsachse eines Baues liegende(s) Fenster
Apokryphen, apokryph: Texte, die nicht zum Kanon der in die Bibel aufgenommenen Schriften gehören
Atlant: Bezeichnung für eine menschliche Fogur, die als Stütze ein Gebälk oder eine Konsole trägt
Bauhütte: Werkstattverband der an großen Sakralbauten tätigen Bauleute
Biblia pauperum/Armenbibel: bildliche Gegenüberstellung von Ereignissen des Neuen Testaments mit Vorbildern aus dem Alten Testament (Typologie)
Blankverglasung: einfache Verglasung aus unbemalten oder abgetönten Scheiben
Butze/Butzenscheibe: runde farblose Glasscheibe von ca. 10–15 cm Durchmesser mit einer Verdickung im Zentrum
Chor: ausgezeichneter, meist im Osten der Kirche liegender Bauteil mit dem Hauptaltar
Couronnement: s. Maßwerk
Dendrochronologie/dendrochronologisch: Datierung anhand der Spezifika von Jahresringen bestimmter Bäume
Doublierung: zur Stabilisierung von Sprüngen rückseitig aufgeklebte Gläser in Form des gesprungenen Glasstücks
Evangelium, Evangelien: die vier kanonischen Bücher des Neuen Testaments, verfasst von den Evangelisten Matthäus, Markus, Lukas und Johannes
Filialkirche: Nebenkirche, die einer Hauptpfarrkirche unterstellt ist
Heraldik: Wappenkunde
Historismus, historistisch: in der Kunst eine Stilepoche von ca. 1850 bis nach 1900, die auf frühere Stilrichtungen zurückgriff (z.B. Neogotik)
Ikonografie: wissenschaftliche Bestimmung von Bildinhalten und -themen
Joch: im Kirchenbau ein gewölbter Teilabschnitt, der in Richtung der Längsachse gezählt wird
Karton: Vorzeichnung für ein Glasgemäldefeld im Maßstab 1:1
Komturei/Komtur: Verwaltungsbezirk bzw. Verwalter eines geistlichen Ritterordens
Kopfscheibe(n): meist bogenförmige oberste Scheibe einer Fensterlanzette
Korrosion: Zersetzung von Glas durch Witterungseinflüsse
Langchor: in St. Jakob aus vier Jochen bestehender Chorraum vor dem abschließenden Chorpolygon
Langhaus: lang gestreckter Teil einer Kirche, entspricht dem Kirchenschiff
Lanzette: einzelne, schmale Fensterbahn
Legenda aurea: Konvolut von apokryphen Heiligengeschichten, im 13. Jahrhundert zusammengestellt
Liber sapientiae: Buch der Weisheit im Alten Testament
Liturgie, liturgisch: mit dem Gottesdienst verbundene Handlungen und Geräte (Objekte)
Maßwerk: steinerne Fensterunterteilung in gotischer Zeit; in der Fensterspitze (dem Couronnement) vielfach mit gezirkelten geometrischen Figuren
Ministerialen: im Heiligen Römischen Reich Dienstmannen (Beamte) für Könige, den hohen Adel und Klöster
Pass: aus der Kreisform abgeleitete Maßwerkfigur (z.B. Dreipass, Vierpass, etc.)
Patriziat: ratsfähige Bürgerschicht (Stadtadel)
Patron/Patronin: Schutzheilige/r, auch Titelheilige/r einer Kirche oder eines Altars
Patrozinium: Schutzherrschaft einer/s Heiligen über eine Kirche oder einen Altar
Rosenkranz: marianische Meditation über das Leben und Leiden Jesu Christi
Schwarzlot: Glasmalfarbe, bestehend aus Glaspulver, Metalloxyden und Bindemittel, zur deckenden Konturierung und lasierenden Halbtonmodellierung der Figuren auf weißen und farbigen Gläsern; auch als Braun- und Rotlot zu finden
Septuaginta: altgriechische Übersetzung der hebräischen Bibel (nach der Legende von 70 jüdischen Gelehrten übersetzt)
Tabernakel: aus Stützen und einem Überbau gebildetes Gehäuse
Titelheilige/r: s. Patron/Patronin
Triptychon: eine aus drei Bildern bestehende Komposition
Tympanon: Bogenfeld oberhalb des Portals
Typologie, typologisch: in der mittelalterlichen Kunst die Konkordanz alt- und neutestamentlicher Ereignisse (Typen und Antitypen)
Vegetabil: pflanzlich
Wimperg: giebelartige Bekrönung
Zyklus: in der Kunst eine erzählende Folge